MARA KANE

AF212001

Stressbewältigung leicht gemacht
Gelassen durch den Alltag

Praktische Strategien für ein entspanntes Leben

Impressum:

Bibliografische Information der Deutschen Nationalbibliothek: Die Deutsche Nationalbibliothek verzeichnet diese Publikation in der Deutschen Nationalbibliografie; detaillierte bibliografische Daten sind im Internet über dnb.dnb.de abrufbar.

Die automatisierte Analyse des Werkes, um daraus Informationen insbesondere über Muster, Trends und Korrelationen gemäß §44b UrhG („Text und Data Mining") zu gewinnen, ist untersagt.

© 2025 Mara Kane, https://marakane.de

Verlag: BoD · Books on Demand GmbH, Überseering 33, 22297 Hamburg, bod@bod.de

Druck: Libri Plureos GmbH, Friedensallee 273, 22763 Hamburg

ISBN: 978-3-8192-2713-4

Inhaltsverzeichnis

Stress und seine Auswirkungen...5
Der Körper unter Stress..9
Was uns im Alltag am meisten belastet..................................15
Welche Situationen Stress verursachen..................................19
Die Kraft des Atems...23
Atemkontrolle in den Alltag integrieren..................................27
Bewegung gegen Stress...30
Effektive Bewegungsarten gegen Stress.................................34
Nahrungsmittel für mehr Gelassenheit...................................38
Progressive Muskelentspannung..42
Prioritäten setzen und Überforderung vermeiden...................45
Netzwerke zur Stressbewältigung nutzen...............................49
Kunst und Schreiben als Ventil für Stress................................52
Die Auswirkungen digitaler Medien auf Stress........................55
Reduzierung digitaler Medien...58
Digital Detox – Warum Abschalten so wichtig ist....................61
Warum regelmäßige Auszeiten wichtig sind............................64
Schlaf und Stress...68
Wie Stress die Schlafqualität beeinflusst................................71
Starke Gedanken für ein stressfreieres Leben.........................74
Konkrete Beispiele für positive Affirmationen.........................77
Nein sagen und die eigene Energie schützen...........................80
Selbstfürsorge im Alltag...86
Stressbewältigung liegt in Ihren Händen................................90
Disclaimer...94

Stress und seine Auswirkungen

Noch vor wenigen Jahren hätte ich nie gedacht, dass ich einmal ein Buch über Stressbewältigung schreiben würde. Ich war stolz darauf, ein echtes Arbeitstier zu sein und mehrere Bälle gleichzeitig in der Luft halten zu können. Termine, Projekte, Familie, Hobbys – ich managte alles mit Links und fühlte mich dabei unverwüstlich. Stress? Das war für mich einfach der normale Zustand, den jeder erfolgreiche Mensch aushalten musste.

Heute weiß ich, wie naiv diese Einstellung war. Der Zusammenbruch kam nicht plötzlich, sondern schlich sich über Monate in mein Leben. Erst waren es nur kleine Warnsignale: Ich schlief schlechter, hatte öfter Kopfschmerzen, wurde schneller ungeduldig. Doch ich ignorierte alle Anzeichen und machte weiter wie bisher. Immer mehr Projekte, immer weniger Pausen, immer höher die selbst gesteckten Ziele.

Mein Körper versuchte mir immer deutlicher zu sagen, dass etwas nicht stimmte. Die Kopfschmerzen steigerten sich zu regelmäßigen Migräneattacken. Nachts lag ich stundenlang wach und grübelte über unerledigte Aufgaben. Morgens fühlte ich mich wie gerädert, brauchte immer mehr Kaffee, um überhaupt funktionieren zu können. Mein Magen rebellierte, Verspannungen wurden zu ständigen Begleitern.

Auch meine Beziehung litt zunehmend. Ich hatte keine Energie mehr für tiefere Gespräche mit meinem Partner, keine Geduld mehr für die Kinder. Bei der kleinsten Kritik reagierte ich gereizt. Freunde beschwerten sich, dass ich mich nie mehr melde. Selbst meine Arbeit, die mir früher so viel Freude bereitet hatte, wurde zur reinen Pflichterfüllung.

Der finale Weckruf kam an einem ganz normalen Dienstagmorgen. Ich saß in einer wichtigen Präsentation, die ich wochenlang vorbereitet hatte. Plötzlich begann mein Herz zu rasen, kalter Schweiß brach aus, die Hände zitterten unkontrollierbar.

Ich konnte kaum noch atmen und hatte das Gefühl, jeden Moment in Ohnmacht zu fallen. Es war meine erste Panikattacke – und sie sollte nicht die letzte bleiben.

Diese Erfahrung zwang mich innezuhalten und mich ehrlich mit meiner Situation auseinanderzusetzen. Ich begann zu recherchieren, besuchte Ärzte und Therapeuten, las unzählige Bücher zum Thema Stress. Dabei lernte ich nicht nur viel über die biologischen und psychologischen Mechanismen von Stress, sondern vor allem über mich selbst.

Ich verstand, dass Stress nicht einfach nur ein unvermeidlicher Bestandteil des modernen Lebens ist, sondern ein komplexes Zusammenspiel aus äußeren Anforderungen und inneren Reaktionsmustern. Mein Körper hatte die ganze Zeit versucht, mir etwas mitzuteilen. Aber ich hatte nicht zugehört. Stattdessen hatte ich mich immer weiter von meinen eigenen Bedürfnissen und Grenzen entfernt.

Die Liste meiner Stresssymptome war lang geworden: chronische Kopf- und Rückenschmerzen, Verdauungsprobleme, Schlafstörungen, ständige Müdigkeit, Konzentrationsschwierigkeiten, emotionale Überreaktionen, sozialer Rückzug. Ich erkannte all die klassischen Anzeichen eines Burnouts, die ich bei anderen immer für übertrieben gehalten hatte.

Besonders erschreckend war für mich die Erkenntnis, wie sehr der permanente Stress mein Denken und Fühlen verändert hatte. Wo ich früher Herausforderungen mit Zuversicht begegnete, sah ich nur noch Probleme und potenzielle Katastrophen. Meine sonst so ausgeprägte Kreativität war wie blockiert. Selbst einfache Entscheidungen fielen mir schwer.

Der Weg aus dieser Situation war nicht einfach und schon gar nicht gradlinig. Ich musste lernen, alte Gewohnheiten zu hinterfragen und neue Verhaltensweisen zu entwickeln. Vor allem aber musste ich verstehen, dass Stress nicht gleich Stress ist.

6

Es gibt den positiven Stress, der uns motiviert und zu Höchstleistungen anspornt. Und es gibt den zermürbenden Dauerstress, der uns krank macht. In meinem Fall hatte sich ein regelrechter Teufelskreis entwickelt: Je gestresster ich war, desto schlechter schlief ich. Je übermüdeter ich war, desto weniger schaffte ich. Je mehr unerledigt blieb, desto mehr Stress empfand ich. Ich hetzte von Termin zu Termin, von Aufgabe zu Aufgabe, ohne je wirklich präsent zu sein. Das Hamsterrad drehte sich immer schneller.

Heute weiß ich: Dieser Zustand ist keine Naturgewalt, der wir hilflos ausgeliefert sind. Wir können lernen, anders mit Stress umzugehen. Wir können Strategien entwickeln, um gelassener durch den Alltag zu kommen. Das bedeutet nicht, dass wir alle Herausforderungen aus unserem Leben verbannen müssen. Aber wir können lernen, besser damit umzugehen.

Meine persönliche Reise zur Stressbewältigung war geprägt von vielen kleinen Schritten und Erkenntnissen. Ich experimentierte mit verschiedenen Entspannungstechniken, änderte meine Ernährung, baute regelmäßige Bewegung in meinen Alltag ein. Vor allem aber lernte ich, meine eigenen Grenzen wahrzunehmen und zu respektieren.

Eine der wichtigsten Erkenntnisse war für mich, dass Stress sehr individuell ist. Was den einen belastet, lässt den anderen kalt. Meine Stressoren waren vor allem die ständige Erreichbarkeit, der selbst auferlegte Perfektionismus und die Schwierigkeit, Nein zu sagen. Andere Menschen reagieren vielleicht stärker auf Zeitdruck, Konflikte oder Veränderungen.

Auch die Reaktionen auf Stress sind sehr unterschiedlich. Bei mir zeigten sich die Symptome vor allem körperlich und emotional. Andere Menschen reagieren eher mit kognitiven Problemen wie Konzentrationsschwierigkeiten oder entwickeln Änderungen im Verhalten wie übermäßiges Essen oder verstärkten Alkoholkonsum.

In diesem Buch möchte ich meine Erfahrungen mit Ihnen teilen. Ich möchte Ihnen zeigen, wie Sie Ihre persönlichen Stressmuster erkennen und verstehen können. Sie werden lernen, die Warnsignale Ihres Körpers und Ihrer Psyche wahrzunehmen, bevor es zu einer ernsthaften Krise kommt.

Dabei geht es mir nicht um theoretische Abhandlungen oder komplizierte Konzepte. Ich möchte Ihnen praktische, alltagstaugliche Werkzeuge an die Hand geben, die Sie sofort umsetzen können. Methoden, die auch in einem vollen Terminkalender Platz finden. Strategien, die Sie Schritt für Schritt zu mehr Gelassenheit führen.

Sie werden verschiedene Entspannungstechniken kennenlernen und herausfinden, welche davon am besten zu Ihnen passt. Sie werden lernen, wie Sie Ihre Gedankenmuster positiv beeinflussen können. Wie Sie Grenzen setzen, ohne sich schuldig zu fühlen. Wie Sie auch in stressigen Situationen einen kühlen Kopf bewahren.

Besonders wichtig ist mir dabei der ganzheitliche Ansatz. Stress betrifft uns auf allen Ebenen – körperlich, mental und emotional. Deshalb müssen auch die Lösungen alle diese Bereiche einbeziehen. Nur wenn wir Körper, Geist und Seele gleichermaßen berücksichtigen, können wir nachhaltig etwas verändern.

Heute lebe ich ein deutlich entspannteres Leben. Nicht weil ich weniger zu tun hätte oder keine Herausforderungen mehr bewältigen müsste. Aber ich gehe anders damit um. Ich habe gelernt, meine Grenzen zu erkennen und zu respektieren. Ich weiß, wie ich mich in stressigen Phasen gut um mich selbst kümmern kann. Und vor allem: Ich weiß, dass ich dem Stress nicht hilflos ausgeliefert bin.

Diese Erfahrung möchte ich mit Ihnen teilen. Ich möchte Ihnen Mut machen, Ihre eigene Situation zu überdenken und neue Wege zu gehen. Dabei verspreche ich Ihnen keine Wunder oder schnellen Lösungen. Echte Veränderung braucht Zeit und Geduld. Aber ich kann Ihnen versichern: Es lohnt sich, diesen Weg zu gehen.

Der Körper unter Stress

Als ich anfing, mich intensiver mit meinem Stress auseinanderzusetzen, war ich erstaunt, wie viele körperliche Symptome ich entwickelt hatte. Jeden Morgen wachte ich mit verspannten Schultern auf. Mein Nacken fühlte sich an wie ein Brett. Kopfschmerzen waren meine ständigen Begleiter. Mein Herz raste manchmal grundlos, und mein Magen rebellierte regelmäßig.

Lange Zeit hatte ich diese Beschwerden als normale Begleiterscheinungen meines hektischen Alltags abgetan. Ich nahm Schmerztabletten gegen die Kopfschmerzen, trank mehr Kaffee gegen die Müdigkeit und versuchte, die anderen Symptome zu ignorieren. Erst als ich begann, auf meinen Körper zu hören, verstand ich den Zusammenhang zwischen meinem Lebensstil und meinen körperlichen Beschwerden.

Besonders deutlich wurde mir das an einem stressigen Arbeitstag. Ich saß in einem wichtigen Meeting, als ich plötzlich Herzrasen bekam. Meine Hände schwitzten, der Atem wurde flach. Ich spürte, wie sich meine Muskeln anspannten, als würde ich mich auf einen Kampf vorbereiten. Dabei saß ich nur in einem Konferenzraum! In diesem Moment wurde mir klar: Mein Körper reagierte auf den beruflichen Stress genauso wie auf eine echte physische Bedrohung.

Diese Erkenntnis war der Beginn einer spannenden Entdeckungsreise. Ich begann zu beobachten, wie mein Körper auf verschiedene Situationen reagierte. Morgens im Stau verkrampften sich meine Kiefermuskeln. Bei unangenehmen Gesprächen zog sich mein Magen zusammen. Vor Präsentationen wurde mein Mund trocken, und meine Hände zitterten.

Je aufmerksamer ich wurde, desto mehr körperliche Stresssignale entdeckte ich. Meine Verdauung war durcheinander. Ich litt unter Heißhungerattacken, besonders auf Süßes. Nachts wachte ich häufig schweißgebadet auf.

Meine Haut wurde stumpfer, und meine Haare fielen vermehrt aus. Selbst meine Anfälligkeit für Erkältungen schien zuzunehmen.

Der Zusammenhang zwischen Stress und körperlichen Symptomen wurde mir immer klarer. Wenn ich abends nicht abschalten konnte, lag ich stundenlang wach. Am nächsten Tag war ich unkonzentriert und noch gestresster. Die Verspannungen wurden schlimmer, die Kopfschmerzen häufiger. Ein echter Teufelskreis entstand.

Besonders interessant fand ich die Erkenntnis, dass mein Körper nicht zwischen verschiedenen Arten von Stress unterschied. Ob Termindruck, Beziehungsprobleme oder finanzielle Sorgen – die körperliche Reaktion war immer ähnlich. Mein Organismus schüttete Stresshormone aus, als müsste ich vor einem wilden Tier fliehen.

Diese urmenschliche Stressreaktion war früher überlebenswichtig. Unsere Vorfahren brauchten den schnellen Herzschlag, die angespannten Muskeln und den erhöhten Blutzucker, um in Gefahrensituationen kämpfen oder flüchten zu können. Aber heute? Ich konnte weder vor meinem überfüllten E-Mail-Postfach davonlaufen noch meine schwierige Chefin bekämpfen.

Stattdessen blieb mein Körper im Alarmzustand, ohne die Möglichkeit, die aufgebaute Energie abzubauen. Die Stresshormone kreisten in meinem System und richteten langfristig Schaden an. Mein Immunsystem wurde schwächer, mein Blutdruck stieg, meine Verdauung spielte verrückt.

Eine besonders unangenehme Erfahrung waren die Panikattacken, die ich entwickelte. Sie kamen aus heiterem Himmel: Herzrasen, Schwitzen, Zittern, Atemnot. Mein Körper reagierte, als wäre ich in Lebensgefahr, obwohl objektiv alles in Ordnung war. Ich begann, mich vor diesen Attacken zu fürchten, was den Stress noch verstärkte.

Die gute Nachricht ist: Ich lernte, diese körperlichen Reaktionen besser zu verstehen und zu beeinflussen. Ein wichtiger erster Schritt war das Führen eines Körper-Stress-Tagebuchs. Ich notierte, welche

10

Symptome in welchen Situationen auftraten. So erkannte ich Muster und konnte gezielter gegensteuern.

Gleichzeitig begann ich, meinem Körper aktiv etwas Gutes zu tun. Ich fing an, regelmäßig spazieren zu gehen. Die Bewegung an der frischen Luft half nicht nur beim Abbau der Stresshormone, sondern verbesserte auch meinen Schlaf. Meine verspannten Muskeln lockerten sich, die Kopfschmerzen wurden seltener.

Auch meine Ernährung stellte ich um. Ich ersetzte den übermäßigen Kaffeekonsum teilweise durch Wasser und Tee. Statt in Stresssituationen zu Süßigkeiten zu greifen, hatte ich immer gesunde Snacks dabei. Die Verdauungsprobleme besserten sich, meine Energie hielt länger.

Eine wahre Offenbarung war für mich die Entdeckung verschiedener Entspannungstechniken. Progressive Muskelentspannung half mir, die chronischen Verspannungen zu lösen. Durch gezielte Atemübungen konnte ich aufkommende Panikgefühle besser kontrollieren. Meditation unterstützte mich dabei, den ständigen Gedankenkreisel zu unterbrechen.

Besonders wichtig war die Erkenntnis, dass ich auf die frühen Warnsignale meines Körpers hören musste. Wenn sich mein Nacken verkrampfte oder mein Magen rebellierte, war das kein Grund für Tabletten, sondern ein Hinweis, einen Gang zurückzuschalten. Mein Körper wurde zu meinem wichtigsten Ratgeber in Sachen Stressbewältigung.

Ich lernte aber auch, die positiven Seiten von kurzfristigem Stress zu schätzen. Die erhöhte Aufmerksamkeit, die gesteigerte Leistungsfähigkeit, das geschärfte Bewusstsein – all das kann in bestimmten Situationen sehr nützlich sein. Der Trick ist, diese Phase nicht zu lange andauern zu lassen und dem Körper anschließend ausreichend Erholung zu gönnen.

Heute achte ich viel bewusster auf die Signale meines Körpers. Wenn meine Schultern sich versteifen, mache ich eine kurze Dehnungspause.

11

Bei ersten Anzeichen von Kopfschmerzen gehe ich an die frische Luft. Spüre ich innere Unruhe, praktiziere ich Atemübungen. Diese kleinen Interventionen helfen mir, größere Probleme zu vermeiden. Natürlich gibt es immer noch stressige Phasen in meinem Leben. Aber ich weiß jetzt, wie ich meinen Körper dabei unterstützen kann. Regelmäßige Bewegung, ausreichend Schlaf, gesunde Ernährung und gezielte Entspannung sind feste Bestandteile meines Alltags geworden. Sie helfen mir, auch in turbulenten Zeiten körperlich stabil zu bleiben.

Ein wichtiger Aspekt ist auch die Vorbeugung. Ich warte nicht mehr, bis sich Beschwerden entwickeln, sondern baue aktiv Ausgleich in meinen Alltag ein. Kurze Bewegungspausen zwischen Terminen, Atemübungen vor wichtigen Gesprächen, Entspannungsrituale am Abend – diese präventiven Maßnahmen helfen mir, gar nicht erst in einen körperlichen Alarmzustand zu kommen.

Was ich durch diese Erfahrungen gelernt habe: Unser Körper ist ein erstaunlich weises System. Er zeigt uns sehr deutlich, wenn etwas aus dem Gleichgewicht gerät. Wir müssen nur lernen, diese Signale wahrzunehmen und ernst zu nehmen. Körperliche Symptome sind keine lästigen Störungen, sondern wichtige Hinweise, die uns helfen können, gesünder mit Stress umzugehen.

In den folgenden Abschnitten möchte ich Ihnen konkrete Übungen und Strategien vorstellen, mit denen Sie Ihren Körper bei der Stressbewältigung unterstützen können. Sie werden lernen, Ihre persönlichen Stresssignale zu erkennen und darauf zu reagieren. Dabei geht es nicht um komplizierte Techniken, sondern um einfache, alltagstaugliche Methoden, die jeder anwenden kann.

Denken Sie daran: Jeder Körper reagiert anders auf Stress. Was bei mir funktioniert hat, muss nicht unbedingt das Richtige für Sie sein. Experimentieren Sie mit verschiedenen Ansätzen und finden Sie heraus, was Ihnen gut tut. Der wichtigste Schritt ist, überhaupt anzufangen, auf die Signale Ihres Körpers zu achten und aktiv etwas für Ihr körperliches Wohlbefinden zu tun.

Während meiner eigenen Stress-Erfahrung und durch den Austausch mit vielen anderen Betroffenen habe ich eine Vielzahl körperlicher Stresssymptome kennengelernt. Hier sind die häufigsten Beschwerden, die typischerweise bei anhaltendem Stress auftreten:

Im Kopf-Nacken-Bereich:
- Spannungskopfschmerzen und Migräne
- Verspannungen in Nacken und Schultern
- Zähneknirschen und Kieferschmerzen
- Konzentrationsschwierigkeiten
- Schwindel
- Sehstörungen
- Ohrgeräusche

Im Herz-Kreislauf-System:
- Herzrasen oder Herzstolpern
- Bluthochdruck
- Engegefühl in der Brust
- Durchblutungsstörungen
- Kalte Hände und Füße
- Schwitzen

Im Verdauungstrakt:
- Magenschmerzen und Übelkeit
- Sodbrennen
- Verdauungsprobleme
- Durchfall oder Verstopfung
- Appetitlosigkeit oder Heißhunger
- Völlegefühl

Im Atmungssystem:
- Flache, schnelle Atmung
- Hyperventilation
- Gefühl von Luftnot
- Häufiges Seufzen
- Druckgefühl auf der Brust

Im Bewegungsapparat:
- Rückenschmerzen
- Muskelzittern
- Muskelverspannungen
- Gelenkschmerzen
- Bewegungseinschränkungen

Weitere häufige Symptome:
- Schlafstörungen
- Chronische Müdigkeit
- Häufige Infekte
- Hautprobleme
- Haarausfall
- Gewichtsveränderungen
- Libidoverlust
- Menstruationsbeschwerden

Diese Symptome können einzeln oder in Kombination auftreten und verstärken sich oft gegenseitig. Wichtig ist zu verstehen, dass sie echte körperliche Beschwerden sind, auch wenn ihre Ursache psychischer Natur ist. Eine frühzeitige Erkennung dieser Warnsignale kann helfen, rechtzeitig gegenzusteuern und chronische Gesundheitsprobleme zu vermeiden.

Was uns im Alltag am meisten belastet

Als ich anfing, mich mit meinen persönlichen Stressoren auseinanderzusetzen, wurde mir erst bewusst, wie viele verschiedene Faktoren täglich auf uns einwirken. Manchmal sind es die offensichtlichen Dinge wie Termindruck oder finanzielle Sorgen. Oft sind es aber auch die kleinen, unterschwelligen Belastungen, die sich über die Zeit aufaddieren und uns aus dem Gleichgewicht bringen.

In meinem Fall war die ständige Erreichbarkeit einer der größten Stressfaktoren. Mein Smartphone piepte den ganzen Tag: E-Mails, WhatsApp-Nachrichten, Anrufe, Social Media-Benachrichtigungen. Selbst im Urlaub checkte ich regelmäßig meine Arbeits-Mails. Die permanente Unterbrechung und das Gefühl, immer reagieren zu müssen, zehrten an meinen Nerven.

Dazu kam der selbst auferlegte Perfektionismus. Ich wollte alles hundertprozentig machen – bei der Arbeit, als Mutter, als Partnerin, im Haushalt. Dieser ständige Anspruch, allem und jedem gerecht zu werden, war wie ein unsichtbares Gewicht auf meinen Schultern. Ich verglich mich ständig mit anderen und hatte das Gefühl, nie gut genug zu sein.

Die Mehrfachbelastung durch Beruf und Familie stellte eine weitere große Herausforderung dar. Morgens hetzte ich die Kinder zur Schule, dann schnell zur Arbeit, zwischendurch Einkäufe erledigen, nachmittags Hausaufgabenbetreuung, abends noch Wäsche und Haushalt. Zeit für mich selbst? Die kam meistens zu kurz.

Ein weiterer unterschätzter Stressfaktor war meine Schwierigkeit, Nein zu sagen. Ob zusätzliche Projekte bei der Arbeit, Gefallen für Freunde oder Engagement im Elternbeirat – ich sagte fast immer ja, auch wenn mein Terminkalender bereits aus allen Nähten platzte. Die Angst, andere zu enttäuschen oder Chancen zu verpassen, war größer als mein Bedürfnis nach Erholung.

15

Der ständige Zeitdruck machte mir ebenfalls zu schaffen. Alles musste schnell gehen, für Pausen war keine Zeit. Ich aß hastig am Schreibtisch, hetzte von Termin zu Termin und hatte permanent das Gefühl, hinterherzuhängen. die To-do-Liste wurde trotz allem nie kürzer.

Auch die finanziellen Verpflichtungen belasteten mich. Hauskredite, Versicherungen, steigende Lebenshaltungskosten – der Druck, das nötige Einkommen zu verdienen, war allgegenwärtig. Jede unerwartete Ausgabe verursachte zusätzlichen Stress.

Die ständige Informationsflut durch Medien und Internet trug ebenfalls zur Überlastung bei. Negative Nachrichten, beunruhigende Weltgeschehnisse, der Zwang, immer auf dem Laufenden zu sein – all das überforderte mein Gehirn zusätzlich.

Zwischenmenschliche Konflikte erwiesen sich als weitere Energieräuber. Spannungen mit Kollegen, Unstimmigkeiten in der Partnerschaft, Auseinandersetzungen mit den pubertierenden Kindern – solche emotionalen Belastungen kosteten oft mehr Kraft als die eigentliche Arbeit.

Der Verkehr auf dem Weg zur Arbeit war ein weiterer täglicher Stressfaktor. Staus, aggressive Autofahrer, überfüllte öffentliche Verkehrsmittel – schon morgens begann der Tag mit Anspannung. Abends im Berufsverkehr ging es dann von vorne los.

Die permanente Beschleunigung unserer Gesellschaft setzte mir zu. Alles sollte immer schneller, effizienter, digitaler werden. Kaum hatte ich mich an ein neues System gewöhnt, kam schon das nächste Update. Der Druck, mit allen Entwicklungen Schritt zu halten, war enorm.

Auch der Druck durch soziale Medien belastete mich mehr, als ich zunächst wahrhaben wollte. Die scheinbar perfekten Leben anderer, die ständigen Vergleiche, das Gefühl, etwas zu verpassen – all das nagte an meinem Selbstwertgefühl.

Die mangelnde Bewegung im Büroalltag machte sich ebenfalls bemerkbar. Stundenlang am Schreibtisch sitzen, zu wenig frische Luft, kaum Zeit für Sport – mein Körper rebellierte gegen diesen unnatürlichen Lebensstil. Unerledigte Aufgaben verfolgten mich bis in den Schlaf. Die mentale To-do-Liste wurde immer länger, und das schlechte Gewissen, nicht alles geschafft zu haben, raubte mir die notwendige Erholung.

Der Lärm in der Stadt trug zusätzlich zur Dauerbelastung bei. Straßenlärm, Bauarbeiten, laute Nachbarn – die ständige Geräuschkulisse ließ kaum Raum für echte Ruhe.

Die hohen Erwartungen von außen spürte ich ständig. Chef, Familie, Gesellschaft – alle schienen etwas von mir zu wollen. Die verschiedenen Rollen unter einen Hut zu bringen, wurde zunehmend schwieriger.

Auch das Gefühl, keine Kontrolle über bestimmte Situationen zu haben, erwies sich als stark belastend. Organisatorische Änderungen bei der Arbeit, politische Entwicklungen, Gesundheitskrisen – die Unsicherheit nagte an meinen Nerven.

Der Mangel an qualitativem Schlaf verschlimmerte alle anderen Stressfaktoren noch. Je erschöpfter ich war, desto weniger konnte ich mit den täglichen Herausforderungen umgehen. Ein Teufelskreis entstand. Die ständige Verfügbarkeit von Unterhaltung und Ablenkung machte es schwer, wirklich abzuschalten. Netflix, Social Media, Online-Shopping – die digitalen Verlockungen hielten mich davon ab, zur Ruhe zu kommen.

Erst als ich begann, diese verschiedenen Belastungsfaktoren bewusst wahrzunehmen und zu analysieren, konnte ich anfangen, gezielt gegenzusteuern. Ich lernte, Prioritäten zu setzen und nicht mehr allem und jedem gerecht werden zu wollen. Ich entwickelte Strategien, um mit den verschiedenen Stressoren umzugehen. Feste Handy-freie Zeiten, regelmäßige Bewegungspausen, bewusstes Nein-Sagen – kleine Veränderungen, die in der Summe große Wirkung zeigten.

17

Heute weiß ich: Wir können nicht alle Stressfaktoren aus unserem Leben verbannen. Aber wir können lernen, besser damit umzugehen und uns nicht von ihnen überwältigen zu lassen. Der erste Schritt ist, sich der verschiedenen Belastungen bewusst zu werden.

In den folgenden Kapiteln werde ich Ihnen zeigen, wie Sie Ihre persönlichen Stressoren identifizieren und analysieren können. Sie werden lernen, welche Faktoren Sie beeinflussen können und welche Sie akzeptieren müssen. Vor allem aber werden Sie Strategien kennenlernen, wie Sie trotz alltäglicher Belastungen ein entspannteres Leben führen können.

Denken Sie aber auch hier daran, dass jeder Mensch anders auf verschiedene Stressoren reagiert. Was den einen belastet, lässt den anderen kalt. Wichtig ist, dass Sie Ihre persönlichen Belastungsfaktoren kennen und lernen, damit umzugehen. Nur so können Sie gezielt gegensteuern und mehr Gelassenheit in Ihren Alltag bringen.

Welche Situationen Stress verursachen

Als ich begann, meine Stressauslöser genauer zu analysieren, wurde mir bewusst, wie viele alltägliche Situationen mir tatsächlich Stress bereiteten. Es fing schon morgens an: Das schrille Klingeln des Weckers riss mich aus dem Schlaf. Sofort schoss mir durch den Kopf, was heute alles zu erledigen war. Schon dieser erste Moment des Tages löste Anspannung aus.

Das morgendliche Bad-Sharing mit der Familie entwickelte sich regelmäßig zum Stressfaktor. Alle mussten zur gleichen Zeit ins Bad, keiner hatte Zeit, und wenn dann noch eines der Kinder trödelte, stieg mein Stresspegel rapide. Die Hektik beim Frühstück, das Zusammensuchen von Schulsachen und die Diskussionen über die richtige Kleidung taten ihr Übriges.

Der Weg zur Arbeit war die nächste Herausforderung. Wenn ich im Auto saß und schon wieder im Stau stand, fühlte ich, wie sich mein Nacken versteifte. Die aggressive Stimmung im Berufsverkehr, rücksichtslose Drängler und die ständige Sorge, zu spät zu kommen, ließen meinen Blutdruck steigen. In der U-Bahn war es aber auch nicht besser – eingequetscht zwischen gestressten Menschen, die alle zur gleichen Zeit zur Arbeit mussten.

Im Büro erwartete mich dann meist als Erstes eine Flut von E-Mails. Viele davon mit dem Vermerk dringend oder wichtig, obwohl sie es oft gar nicht waren. Die ständigen Unterbrechungen durch Telefonanrufe, Messenger-Nachrichten und Kollegen, die nur mal kurz eine Frage hatten, machten konzentriertes Arbeiten fast unmöglich. Besonders stressig waren für mich Meetings, die sich endlos in die Länge zogen und oft ohne klare Ergebnisse endeten. Währenddessen türmte sich die eigentliche Arbeit auf meinem Schreibtisch. Das Gefühl, die Zeit dort nur abzusitzen, während die wichtigen Aufgaben liegen blieben, war schwer auszuhalten.

Die Mittagspause wurde selten zur echten Pause. Meist aß ich hastig am Schreibtisch, während ich weiterarbeitete oder erledigte nebenbei noch private Telefonate und Besorgungen. Die wenige Zeit, die eigentlich der Erholung dienen sollte, war oft genauso stressig wie der Rest des Arbeitstages.

Nach der Arbeit ging der Stress nahtlos weiter. Der Einkauf im überfüllten Supermarkt nach Feierabend war eine Geduldsprobe. Lange Schlangen an den Kassen, leere Regale bei den Produkten, die ich brauchte. Und das Gefühl, schon wieder Zeit zu verlieren, die ich eigentlich nicht hatte.

Zuhause erwarteten mich dann die alltäglichen Haushaltsaufgaben. Wäsche waschen, Essen kochen, Hausaufgabenbetreuung – alles musste parallel laufen. Wenn dann noch ungeplante Dinge dazwischen kamen, wie ein krankes Kind oder eine defekte Waschmaschine, war das Chaos perfekt. Die Koordination von Familienterminen entwickelte sich regelmäßig zur logistischen Herausforderung. Kinderarzttermine, Elternabende, Sportveranstaltungen, Geburtstagspartys – alles musste irgendwie unter einen Hut gebracht werden. Das Jonglieren mit verschiedenen Kalendern und das ständige Umplanen kostete enorm viel Energie.

Auch scheinbar banale Situationen konnten starken Stress auslösen. Wenn der Computer mal wieder nicht das tat, was er sollte, das Handy keinen Empfang hatte oder das Internet ausfiel, stieg meine innere Anspannung sofort. In unserer digitalisierten Welt können technische Probleme schnell zu echten Stressmomenten werden.

Soziale Verpflichtungen, die eigentlich Freude bereiten sollten, wurden manchmal zur Last. Geburtstagsfeiern, bei denen ich viel zu erschöpft war, um gesellig zu sein. Familienfeste, bei denen die üblichen Konflikte vorprogrammiert waren. Das schlechte Gewissen, wenn ich wieder einmal absagen musste, belastete mich zusätzlich.

Besonders stressig waren für mich Situationen, in denen ich warten musste. Sei es beim Arzt, bei Behörden oder in der Telefon-

20

Warteschleife. Das Gefühl, die Situation nicht kontrollieren zu können und wertvolle Zeit zu verlieren, machte mich ganz kribbelig. Auch finanzielle Alltagssituationen lösten bei mir Stress aus. Unerwartete Rechnungen, teure Reparaturen oder die monatliche Durchsicht der Kontoauszüge – alles, was mit Geld zu tun hatte, verursachte innere Anspannung.

Die abendliche Routine mit den Kindern konnte sich zu einem regelrechten Kraftakt entwickeln. Diskussionen ums Zähneputzen, Verhandlungen über die Schlafenszeit und das Einfordern der Zu-Bett-Geh-Regeln kosteten die letzten Energiereserven des Tages.

Selbst der wohlverdiente Feierabend auf der Couch wurde manchmal zum Stressfaktor. Der Partner wollte reden, während ich nur noch abschalten wollte. Die Nachrichten im Fernsehen berichteten von beunruhigenden Ereignissen. Das schlechte Gewissen meldete sich, weil ich eigentlich noch Sport machen oder aufräumen sollte.

Das Einschlafen wurde oft zur Herausforderung. Gedanken an den nächsten Tag, unerledigte Aufgaben und Sorgen hielten mich wach. Der Blick auf die Uhr und das Wissen, wie wenig Schlaf ich bekommen würde, steigerten die innere Unruhe noch mehr.

Durch diese Analyse meiner täglichen Stresssituationen wurde mir klar, dass es oft nicht die großen Krisen sind, die uns belasten. Es ist die Summe der kleinen, alltäglichen Momente, die uns aus dem Gleichgewicht bringen können.

Ich lernte, diese Situationen bewusster wahrzunehmen und neue Strategien zu entwickeln. Zum Beispiel bereitete ich mehr vor, plante großzügigere Zeitpuffer ein und übte mich darin, gelassener mit Störungen umzugehen.

Heute weiß ich: Wir können viele dieser Stresssituationen nicht vermeiden, aber wir können unsere Reaktion darauf verändern. Manchmal reicht schon ein tiefes Durchatmen oder ein Perspektivwechsel, um die Situation anders wahrzunehmen.

21

In den nächsten Kapiteln werde ich Ihnen zeigen, wie Sie Ihre persönlichen Stress-Situationen identifizieren und besser damit umgehen können. Sie werden lernen, wie Sie durch kleine Veränderungen in Ihrer Routine und Ihrer Einstellung mehr Ruhe in Ihren Alltag bringen können.

Behalten Sie aber im Hinterkopf, dass Stress oft nicht durch die Situation selbst entsteht, sondern durch unsere Bewertung und unseren Umgang damit. Mit den richtigen Strategien können Sie auch herausfordernde Alltagssituationen gelassener meistern.

Die Kraft des Atems

Als ich während meiner ersten Panikattacke nach Luft rang und das Gefühl hatte, jeden Moment in Ohnmacht zu fallen, sagte meine Therapeutin einen Satz, der mein Leben verändern sollte: „Konzentrieren Sie sich einfach nur auf Ihren Atem."

Damals konnte ich mir nicht vorstellen, dass etwas so Selbstverständliches wie Atmen tatsächlich der Schlüssel zu mehr Gelassenheit sein könnte. Heute weiß ich: Unser Atem ist eines der kraftvollsten Werkzeuge zur Stressbewältigung, das wir besitzen. Er ist immer verfügbar, kostenlos und wirkt sofort. Durch bewusstes Atmen können wir innerhalb weniger Minuten vom Kampf-oder-Flucht-Modus in einen Zustand der Entspannung wechseln.

Ich erinnere mich noch gut an meine ersten Versuche mit Atemübungen. Anfangs kam ich mir albern vor. Sollte tiefes Ein- und Ausatmen wirklich helfen, wenn sich mein Leben anfühlte wie ein überfüllter Expresszug ohne Bremsen? Doch je mehr ich mich darauf einließ, desto deutlicher spürte ich die positive Wirkung.

Besonders interessant fand ich die wissenschaftliche Erklärung dahinter. Unser Atem ist wie eine Brücke zwischen unserem bewussten und unserem autonomen Nervensystem. Während wir die meisten Körperfunktionen nicht willentlich steuern können, haben wir über die Atmung direkten Einfluss auf unser Nervensystem.

Bei Stress atmen wir automatisch schneller und flacher. Diese Art zu atmen signalisiert unserem Körper Gefahr und verstärkt die Stressreaktion noch. Durch bewusstes, tiefes Atmen können wir diesen Kreislauf durchbrechen. Langsames, tiefes Atmen aktiviert unseren Entspannungsnerv und bringt unseren Körper zur Ruhe.

Meine erste bewährte Atemübung war die einfache 4-7-8-Methode. Dabei atme ich vier Sekunden lang ein, halte den Atem für sieben Sekunden und atme dann acht Sekunden lang aus.

Diese Übung mache ich heute noch vor wichtigen Meetings oder in anderen stressigen Situationen. Sie hilft mir, einen klaren Kopf zu bewahren.

Eine weitere Entdeckung war für mich die Bauchatmung. Ich bemerkte, dass ich den ganzen Tag über sehr flach in den Brustkorb atmete. Als ich lernte, bewusst in den Bauch zu atmen, fühlte sich das zunächst ungewohnt an. Doch schon nach wenigen Tagen regelmäßiger Übung wurde diese natürliche Atmung wieder selbstverständlicher.

Morgens nach dem Aufwachen nehme ich mir jetzt immer ein paar Minuten Zeit für bewusstes Atmen. Ich lege eine Hand auf meinen Bauch und spüre, wie er sich beim Einatmen hebt und beim Ausatmen senkt. Diese kleine Routine hilft mir, entspannt in den Tag zu starten und mich zu zentrieren.

Ein besonderer Aha-Moment war für mich auch die Erkenntnis, wie eng Atmung und Emotionen zusammenhängen. Wenn ich gestresst oder ängstlich bin, wird mein Atem automatisch flach und schnell. Umgekehrt kann ich durch bewusstes, ruhiges Atmen meine Gefühle positiv beeinflussen.

In stressigen Meetings nutze ich jetzt oft die Stopp-und-Atme-Technik. Wenn ich merke, dass meine Anspannung steigt, nehme ich mir einen kurzen Moment für drei bewusste Atemzüge. Das hilft mir, einen Schritt zurückzutreten und die Situation klarer zu sehen.

Auch bei Einschlafproblemen hat mir bewusstes Atmen sehr geholfen. Statt mich im Bett ruhelos hin und her zu wälzen, konzentriere ich mich auf meinen Atem. Ich stelle mir vor, wie ich mit jedem Ausatmen etwas von der Tagesanspannung loslasse. Oft schlafe ich dabei ein, ohne es zu merken.

Eine weitere effektive Methode ist für mich die Quadrat-Atmung geworden. Dabei stelle ich mir ein Quadrat vor und folge mit meinem Atem den vier Seiten - vier Sekunden einatmen, vier Sekunden halten, vier Sekunden ausatmen, vier Sekunden halten.

Diese rhythmische Atmung beruhigt nicht nur den Körper, sondern auch den Geist.

Im Laufe der Zeit habe ich verschiedene Atemtechniken für unterschiedliche Situationen entwickelt. Vor Präsentationen hilft mir kraftvolles, energetisierendes Atmen. In Stresssituationen beruhigt mich verlängertes Ausatmen. Bei Konzentrationsschwierigkeiten bringt mich alternierendes Nasenatmen wieder in die Spur.

Besonders wertvoll sind Atemübungen für mich in emotional aufgeladenen Situationen geworden. Wenn ich spüre, dass ich in einem Konfliktgespräch emotional werde, nutze ich bewusstes Atmen, um mich zu regulieren. Das gibt mir Zeit zum Nachdenken und hilft mir, überlegte Antworten zu geben statt emotional zu reagieren.

Auch körperliche Beschwerden wie Verspannungen oder Kopfschmerzen kann ich durch gezieltes Atmen oft lindern. Ich atme bewusst in die schmerzenden Bereiche und stelle mir vor, wie ich mit jedem Ausatmen die Spannung loslasse. Diese Kombination aus Atmung und Vorstellungskraft hat erstaunlich positive Effekte.

Mit der Zeit habe ich gelernt, meinen Atem als eine Art inneren Kompass zu nutzen. Wenn ich bemerke, dass mein Atem flach und hastig wird, weiß ich: Jetzt ist es Zeit, einen Gang zurückzuschalten. Mein Atem ist zu einem zuverlässigen Indikator für meinen Stresslevel geworden.

Eine wichtige Erkenntnis war für mich auch, dass Atemübungen keine perfekte Umgebung brauchen. Ich kann sie überall praktizieren - im Auto an der roten Ampel, im Aufzug, während eines Telefonats oder sogar in einer vollen U-Bahn. Niemand bemerkt, dass ich gerade eine Atemübung mache.

Die regelmäßige Praxis hat mein Körperbewusstsein deutlich verbessert. Ich nehme Anspannung früher wahr und kann gegensteuern, bevor sich Stress aufbaut. Oft reichen schon drei bewusste Atemzüge, um eine stressige Situation zu entschärfen.

Mit der Zeit habe ich auch gelernt, meinen Atem mit positiven Gedanken zu verbinden. Beim Einatmen denke ich an Kraft und Energie, beim Ausatmen an Loslassen und Entspannung. Diese mentale Komponente verstärkt die beruhigende Wirkung der Atemübungen noch.

Heute ist bewusstes Atmen für mich wie ein treuer Freund geworden, der immer da ist, wenn ich ihn brauche. In stressigen Zeiten, bei Anspannung oder Unruhe kehre ich zu meinem Atem zurück. Er hilft mir, mich zu erden und wieder ins Gleichgewicht zu kommen. Atem ist ein kraftvolles Werkzeug zur Selbstregulation, das Sie jederzeit und überall nutzen können. Mit etwas Übung wird bewusstes Atmen zu einem natürlichen Teil Ihres Lebens und zu einem verlässlichen Anker in stressigen Zeiten.

Ich möchte Sie ermutigen, die Kraft Ihres Atems selbst zu entdecken. Experimentieren Sie mit den verschiedenen Techniken und finden Sie heraus, was für Sie am besten funktioniert. Nehmen Sie sich Zeit, diese kraftvolle Ressource kennenzulernen und zu nutzen.

In den folgenden Abschnitten stelle ich Ihnen verschiedene Atemübungen vor, die Sie leicht in Ihren Alltag integrieren können. Sie werden lernen, wie Sie Ihren Atem gezielt zur Stressreduktion, Entspannung und Energiegewinnung einsetzen können.

Atemkontrolle in den Alltag integrieren

Als ich anfing, mich mit bewusstem Atmen zu beschäftigen, stellte sich mir eine große Frage: Wie sollte ich das in meinen ohnehin schon vollen Alltag einbauen? Ich hatte weder Zeit noch Lust, stundenlang zu meditieren und bewusst vor mich hin zu atmen. Mit der Zeit entwickelte ich jedoch praktische Strategien, die Atemkontrolle ganz natürlich in meinen Tagesablauf zu integrieren.

Es beginnt mit dem Aufwachen. Ich drücke auf die Schlummertaste meines Weckers und nehme mir jeden Morgen eine Minute Zeit. Ich bleibe einfach liegen und atme dreimal tief durch. Das kostet keine extra Zeit, hilft mir aber, bewusst in den Tag zu starten. Diese kleine Routine macht einen erstaunlichen Unterschied.

Die Dusche wird zu meinem nächsten Atemübungs-Ort. Während das warme Wasser läuft, praktiziere ich die 4-7-8-Atmung. Einatmen beim Einseifen, Atem halten beim Shampoonieren, langsam ausatmen beim Abspülen. So verbinde ich eine ohnehin notwendige Tätigkeit mit bewusstem Atmen.

Auch die Fahrt zur Arbeit nutze ich jetzt anders. An roten Ampeln atme ich bewusst tief durch, statt ungeduldig auf Grün zu warten. In der U-Bahn mache ich leise Atemübungen, statt ständig aufs Handy zu starren. Diese kleinen Atempausen helfen mir, entspannter am Arbeitsplatz anzukommen.

Im Büro habe ich mir angewöhnt, vor jedem Telefonat drei bewusste Atemzüge zu nehmen. Das hilft mir, fokussierter und präsenter im Gespräch zu sein. Auch vor wichtigen E-Mails oder Meetings nutze ich kurze Atempausen, um mich zu zentrieren. Die Mittagspause bietet weitere Gelegenheiten. Während ich esse, achte ich bewusst auf meine Atmung. Das entschleunigt nicht nur das Essen, sondern verbessert auch die Verdauung, weil ich nicht wie früher jeden Bissen ohne groß zu kauen hektisch herunterschlinge. Ein kurzer Spaziergang nach dem Essen wird zur bewussten Atempause an der frischen Luft.

27

Bewegung und Atmung verbinde ich jetzt gezielt. Beim Treppensteigen achte ich auf meinen Atemrhythmus. Auf dem Weg zum Kopierer nutze ich die Zeit für einige tiefe Atemzüge. Selbst beim Gang zur Toilette werden ein paar bewusste Atemzüge zur kleinen Entspannungspause.

Auch in Meetings habe ich gelernt, kurze Atempausen einzubauen. Wenn andere sprechen, nutze ich die Zeit für einige tiefe Atemzüge. Das hilft mir, konzentriert zuzuhören und gelassener zu bleiben, auch wenn die Diskussionen hitzig werden.

Wartesituationen haben für mich einen neuen Sinn bekommen. Statt mich über die verlorene Zeit zu ärgern, nutze ich sie für Atemübungen. In der Schlange an der Supermarktkasse, beim Warten auf den Bus oder in der Arztpraxis – überall bieten sich Gelegenheiten für bewusstes Atmen.

Hausarbeit verbinde ich inzwischen automatisch mit Atemübungen. Beim Staubsaugen atme ich im Rhythmus der Bewegungen. Während ich Wäsche aufhänge, praktiziere ich tiefes Bauchatmen. Beim Geschirrspülen konzentriere ich mich auf langes, entspannendes Ausatmen.

Auch in emotionalen Situationen ist die Atmung mein Anker geworden. Bevor ich auf eine Provokation reagiere, nehme ich mir Zeit für drei bewusste Atemzüge. Das gibt mir die nötige Pause, um überlegt statt emotional zu reagieren. Und so einige Male hat sich in dieser Zeit auch schon ein aufgebrachter Kollege herunter getaktet.

Mit meinen Kindern habe ich ein kleines Ritual entwickelt. Vor den Hausaufgaben machen wir zusammen eine Drei-Löwen-Atmung: Dreimal tief einatmen und beim Ausatmen wie ein Löwe brüllen. Das macht Spaß und hilft allen, sich zu fokussieren. Eine Technik, die am Arbeitsplatz vielleicht weniger funktioniert, dafür mit Kindern aber umso besser.

Am Computer habe ich mir auch einen Atemrhythmus angewöhnt. Bei jedem Bildschirmwechsel nehme ich einen bewussten Atemzug.

Das schützt nicht nur vor Verspannungen, sondern erinnert mich auch regelmäßig daran, aus der Konzentration kurz aufzutauchen. Oft nutze ich die Zeit, um auch mal aufzustehen, aus dem Fenster zu schauen und bewusst zu atmen.

Selbst abends beim Zähneputzen nutze ich die Zeit für Atemübungen. Zwei Minuten bewusstes Atmen, während ich meine Zähne putze. Eine weitere Alltagstätigkeit, die ich mit Atemkontrolle verbinden kann, ohne extra Zeit zu benötigen. Schließlich ist das Einschlafritual jetzt ebenfalls fest mit Atemübungen verbunden. Ich lege mich ins Bett und konzentriere mich für einige Minuten nur auf meinen Atem. Das hilft mir, den Tag loszulassen und entspannt einzuschlafen.

Die Integration von Atemübungen in den Alltag ist für mich inzwischen so selbstverständlich geworden wie das Zähneputzen. Ich nutze natürliche Pausen und Übergänge zwischen Aktivitäten für kurze Atempausen. Das kostet keine extra Zeit, bringt aber viel.

Mit der Zeit habe ich gemerkt, dass ich gar nicht lange Übungseinheiten brauche. Viele kurze Atempausen über den Tag verteilt können genauso effektiv sein wie eine lange Meditation. Es geht dabei nicht um Perfektion, sondern um regelmäßige kleine Momente der Achtsamkeit.

Inzwischen reagiert mein Körper automatisch auf diese kleinen Atempausen. Sobald ich bewusst zu atmen beginne, spüre ich, wie sich Anspannungen lösen. Mein Nervensystem hat gelernt, diese Signale als Einladung zur Entspannung zu verstehen.

Heute ist bewusstes Atmen für mich keine zusätzliche Aufgabe mehr, sondern ein natürlicher Teil meines Tages. Ich muss nicht extra Zeit dafür einplanen, sondern nutze die vielen kleinen Gelegenheiten, die sich von selbst ergeben. Ich möchte Sie ermutigen, Ihre eigenen Möglichkeiten zur Integration von Atemübungen zu entdecken. Schauen Sie sich Ihren Tagesablauf an und finden Sie die natürlichen Pausenmomente.

Bewegung gegen Stress

Als ich am Tiefpunkt meiner Stress-Phase war, hätte ich bei dem Wort Bewegung am liebsten die Augen verdreht. Ich war permanent erschöpft und hatte weder Zeit noch Energie für Sport. Der bloße Gedanke an körperliche Aktivität stresste mich zusätzlich. Heute weiß ich: Genau das war ein großer Fehler. Bewegung ist eines der wirksamsten Mittel gegen Stress. Wenn man es richtig angeht.

Mein Weg zu mehr Bewegung begann mit kleinen Schritten. Ich fing nicht mit einem ambitionierten Sportprogramm an, sondern mit einem simplen Spaziergang in der Mittagspause. Zehn Minuten raus an die frische Luft, ein paar Schritte um den Block. Anfangs erschien mir selbst das als Zeitverschwendung. Doch schon nach wenigen Tagen merkte ich, wie gut mir diese kurze Auszeit tat.

Die positiven Effekte spürte ich erstaunlich schnell. Nach dem Spaziergang war mein Kopf klarer, ich konnte mich besser konzentrieren. Die Nachmittagsmüdigkeit war weniger ausgeprägt. Auch meine Stimmung verbesserte sich spürbar. Diese ersten Erfolge motivierten mich, mehr Bewegung in meinen Alltag zu bringen.

Ich begann, bewusst Treppen zu steigen statt den Aufzug zu nehmen. Ich stieg eine U-Bahn-Station früher aus und ging den Rest zu Fuß. Beim Telefonieren lief ich in der Wohnung herum, statt auf dem Sofa zu sitzen. Diese kleinen Veränderungen kosteten kaum Zeit, summierten sich aber über den Tag.

Ein wichtiger Durchbruch war für mich die Erkenntnis, dass Bewegung nicht gleich Sport bedeuten muss. Ich musste nicht ins Fitnessstudio gehen oder einen Marathon laufen, um von den positiven Effekten zu profitieren. Jede Form von Bewegung zählte: Gartenarbeit, Tanzen zur Lieblingsmusik, Spielen mit den Kindern.

Mit der Zeit wurde ich mutiger und probierte verschiedene Aktivitäten aus. Ich entdeckte das Yoga für mich, erst mit YouTube-Videos zu Hause, später in einem Kurs. Die Kombination aus Bewegung, Atmung und Entspannung war genau das, was ich brauchte. Yoga half mir, den Kopf freizubekommen und gleichzeitig meinen verspannten Körper zu lockern.

Auch das Radfahren kam wieder in mein Leben zurück. Statt mit dem Auto fuhr ich kleinere Strecken mit dem Fahrrad. Die Bewegung an der frischen Luft, das gleichmäßige Treten in die Pedale, der Wind im Gesicht – all das hatte eine erstaunlich entspannende Wirkung. Außerdem sparte ich mir die Parkplatzsuche und den Ärger im Berufsverkehr.

Ein regelrechter Aha-Moment war für mich die wissenschaftliche Erklärung, warum Bewegung so gut gegen Stress hilft. Bei körperlicher Aktivität baut unser Körper Stresshormone ab und schüttet stattdessen Glückshormone aus. Bewegung ist quasi ein natürliches Anti-Stress-Medikament, das keine Nebenwirkungen hat.

Besonders effektiv erwies sich Bewegung für mich in akuten Stresssituationen. Wenn ich merkte, dass die Anspannung zu groß wurde, machte ich einen kurzen Spaziergang oder ein paar Dehnübungen. Diese aktiven Pausen halfen mir, den Kopf freizubekommen und neue Perspektiven zu gewinnen.

Mit der Zeit entwickelte ich verschiedene Bewegungsroutinen für unterschiedliche Situationen. Morgens machte ich einfache Streckübungen noch im Bett. In Meetings, die länger als eine Stunde dauerten, stand ich zwischendurch auf und bewegte mich kurz. Abends half mir ein entspannender Spaziergang, den Arbeitstag hinter mir zu lassen.

Auch meine Schlafqualität verbesserte sich durch regelmäßige Bewegung deutlich. Die körperliche Aktivität half mir, abends besser abzuschalten. Ich schlief schneller ein und wachte morgens erholter auf. Der positive Effekt verstärkte sich noch, wenn ich meine Bewegungseinheiten an der frischen Luft machte.

Eine wichtige Lektion war für mich, auf meinen Körper zu hören. An manchen Tagen brauchte ich intensive Bewegung, um Stress abzubauen.

An anderen Tagen tat mir sanfte, entspannende Bewegung besser. Ich lernte, flexibel zu sein und die Art der Bewegung meiner Tagesform anzupassen.

Die Regelmäßigkeit erwies sich als wichtiger als die Intensität. Täglich eine kleine Portion Bewegung brachte mehr als ein intensives Workout einmal pro Woche. Ich machte Bewegung zu einem festen Bestandteil meines Tagesablaufs, so selbstverständlich wie Zähneputzen.

Auch die sozialen Aspekte von Bewegung entdeckte ich neu. Gemeinsame Spaziergänge mit Freunden verbanden Bewegung mit Gesprächen. Im Yoga-Kurs traf ich Menschen mit ähnlichen Erfahrungen. Diese soziale Komponente verstärkte die stressreduzierende Wirkung der Bewegung.

Ein weiterer positiver Nebeneffekt: Durch die regelmäßige Bewegung wurde ich insgesamt belastbarer. Situationen, die mich früher gestresst hatten, konnte ich gelassener angehen. Mein Körper reagierte weniger heftig auf Stressreize, und ich erholte mich schneller von anstrengenden Phasen.

Heute ist Bewegung für mich ein unverzichtbares Werkzeug zur Stressbewältigung. Ich plane bewusst Bewegungszeiten in meinen Tag ein und nutze jede Gelegenheit für zusätzliche Aktivität. Das kostet manchmal Überwindung, zahlt sich aber immer aus.

Besonders wichtig war für mich die Erkenntnis, dass es keine perfekte Bewegungsform für alle gibt. Jeder muss seinen eigenen Weg finden. Was mir gut tut, muss für andere nicht passen. Das Wichtigste ist, Bewegungsarten zu finden, die Freude machen und gut in den eigenen Alltag passen.

Mit der Zeit habe ich auch gelernt, kreativer mit Bewegungsmöglichkeiten umzugehen. Wenn das Wetter schlecht war, tanzte ich in der Wohnung. In stressigen Arbeitsphasen machte ich Schreibtisch-Yoga. Selbst im Stau konnte ich kleine Dehnübungen machen.

Ich möchte Sie ermutigen, Ihren eigenen Weg zu mehr Bewegung zu finden. Fangen Sie klein an, bleiben Sie realistisch in Ihren Zielen. Experimentieren Sie mit verschiedenen Aktivitäten und finden Sie heraus, was Ihnen gut tut. Jeder Schritt zählt, jede Bewegung ist wertvoll. Es geht nicht um sportliche Höchstleistungen, sondern darum, Ihrem Körper das zu geben, was er braucht, um Stress besser bewältigen zu können.

In den folgenden Abschnitten stelle ich Ihnen verschiedene Bewegungsformen vor, die sich gut zur Stressreduktion eignen. Sie werden praktische Übungen kennenlernen, die Sie leicht in Ihren Alltag integrieren können.

Effektive Bewegungsarten gegen Stress

Bei meiner Suche nach wirksamen Bewegungsformen gegen Stress habe ich verschiedene Aktivitäten ausprobiert. Dabei stellte ich fest, dass jede Bewegungsart ihre eigenen Vorteile mit sich bringt. Manche eignen sich besonders gut für den schnellen Stressabbau, andere wirken eher langfristig entspannend. Nachfolgend möchte ich Ihnen die Bewegungsformen vorstellen, die sich für mich als besonders effektiv erwiesen haben.

Waldspaziergänge wurden zu meiner absoluten Lieblings-Aktivität gegen Stress. Die Kombination aus Bewegung und Naturerlebnis wirkt wie Medizin für Körper und Seele. Der Wald bietet eine natürliche Geräuschkulisse, die sofort entspannend wirkt: das Rauschen der Blätter, das Zwitschern der Vögel, das Knacken der Zweige unter den Füßen. Die Waldluft, insbesondere bei Nadelbäumen, ist reich an ätherischen Ölen, die nachweislich stressreduzierend wirken.

Ich entdeckte das Waldbaden für mich. Das ist eine aus Japan stammende Methode, bei der man ganz bewusst die Atmosphäre des Waldes aufnimmt. Dabei gehe ich langsam und achtsam, atme tief durch und nehme alle Sinneseindrücke bewusst wahr. Schon nach 15 Minuten spüre ich, wie mein Stresslevel sinkt und eine tiefe innere Ruhe einkehrt.

Das Wandern eröffnete mir eine weitere Dimension der Stressbewältigung. Anders als beim gemütlichen Waldspaziergang geht es hier um längere Strecken und manchmal auch anspruchsvolleres Gelände. Die rhythmische Bewegung beim Wandern hat eine meditative Qualität und Kraft. Meine Gedanken kommen zur Ruhe, während ich Schritt für Schritt vorankomme.

Besonders wertvoll finde ich beim Wandern den Perspektivwechsel. Wenn ich auf einem Hügel oder Berg stehe und ins Tal schaue, erscheinen meine alltäglichen Probleme plötzlich kleiner. Die körperliche Anstrengung und die Überwindung von Hindernissen stärken zusätzlich mein Selbstvertrauen. Nach einer Wanderung fühle ich mich nicht nur körperlich, sondern auch mental gestärkt. Auch das Radfahren entdeckte ich als perfekte Kombination aus Fortbewegung und Stressabbau. Ob eine gemütliche Feierabendrunde oder sportliche Tour am Wochenende – das gleichmäßige Treten in die Pedale hat eine beruhigende Wirkung. Der Fahrtwind kühlt nicht nur den Körper, sondern scheint auch belastende Gedanken wegzupusten.

Ich nutze das Rad jetzt oft für den Weg zur Arbeit. Diese aktive Erholung hilft mir, morgens wach zu werden und abends den Arbeitsstress abzubauen. Dabei spare ich mir auch noch den Ärger im Berufsverkehr und tue etwas für meine Gesundheit und die Umwelt. Ein echter Mehrfach-Gewinn.

Yoga erwies sich ebenfalls als ideale Bewegungsform für stressige Tage. Die Kombination aus Körperübungen, Atemtechniken und Entspannung hilft mir, Körper und Geist wieder in Einklang zu bringen. Besonders die sanfteren Yoga-Formen wie Yin Yoga oder Restorative Yoga sind wahre Stress-Killer. Diese Yoga-Formen sind für nahezu alle Fitnessniveaus geeignet. Sie werden oft für Stressabbau verwendet, da durch diese Praxis das parasympathische Nervensystem aktiviert wird, was dazu führt, dass das Stresslevel sinkt und Körper und Geist sich erholen können

Auch Schwimmen hat eine ganz besondere entspannende Wirkung. Das Gleiten durchs Wasser, die Schwerelosigkeit, der rhythmische Bewegungsablauf – all das hilft mir, Stress loszulassen. Das gleichmäßige Atmen beim Schwimmen beruhigt zusätzlich das Nervensystem.

Gleiches gilt auch fürs Tanzen. Ob allein in der Wohnung oder im Tanzkurs – zur Musik zu tanzen befreit nicht nur den Körper, sondern auch den Geist. Die Kombination von Bewegung, Musik und Rhythmus hat eine stark stressreduzierende Wirkung.

Für akute Stress-Situationen im Büro entdeckte ich kleine Bewegungseinheiten. Schulterkreisen, Nackendehnungen, einfache Yoga-Übungen am Schreibtisch – diese Mini-Bewegungen helfen mir, Verspannungen zu lösen und neue Energie zu tanken.

Apropos Energie ... Bei Krafttraining zum Stressabbau war ich als Frau zunächst skeptisch. Doch dann erwies sich dieses als überraschend effektiv gegen Stress. Das gezielte Arbeiten mit Gewichten oder dem eigenen Körpergewicht hilft mir, aufgestaute Energie und Aggressionen abzubauen. Nach einem guten Krafttraining fühle ich mich mental und körperlich stärker.

Interessanterweise stellte ich fest, dass unterschiedliche Stressarten verschiedene Bewegungsformen erfordern. Bei mentalem Stress hilft mir intensive Bewegung wie Radfahren oder Krafttraining. Bei emotionalem Stress tun mir eher sanfte, meditative Bewegungen wie Yoga oder Waldspaziergänge gut.

Die Natur spielt bei vielen dieser Aktivitäten eine wichtige Rolle. Bewegung an der frischen Luft hat einen stärkeren stressreduzierenden Effekt als Indoor-Aktivitäten. Der Kontakt mit der Natur verstärkt die positive Wirkung der Bewegung noch.

Auch die Tageszeit beeinflusst die Wirkung verschiedener Bewegungsformen. Morgens hilft mir aktivierende Bewegung wie Radfahren oder Yoga, energiegeladen in den Tag zu starten. Abends bevorzuge ich entspannende Aktivitäten wie Waldspaziergänge oder sanftes Dehnen.

Die soziale Komponente spielt ebenfalls eine Rolle. Manchmal tut es gut, allein aktiv zu sein und die Bewegung zur Selbstreflexion zu nutzen. An anderen Tagen genieße ich die Gemeinschaft beim Wandern in der Gruppe oder beim Besuch eines Yoga-Kurses.

Wichtig ist auch die Regelmäßigkeit. Ich versuche, verschiedene Bewegungsformen fest in meinen Wochenablauf einzubauen. Ein Waldspaziergang am Sonntagmorgen, gern auch mit der Familie. Yoga in der Mittagspause, Radfahren nach der Arbeit – diese Routinen geben mir Struktur und wirken präventiv gegen Stress.

Dabei achte ich darauf, nicht zu ehrgeizig zu sein. Es geht nicht um sportliche Höchstleistungen, sondern um wohltuende Bewegung. Ich höre auf meinen Körper und passe die Intensität meiner Tagesform an.

Ich möchte Sie ermutigen, verschiedene Bewegungsformen auszuprobieren und Ihre persönlichen Favoriten zu finden. Experimentieren Sie mit unterschiedlichen Aktivitäten, Intensitäten und Tageszeiten. Die beste Bewegungsart ist die, die Ihnen Freude macht und gut in Ihren Alltag passt.

Denken Sie aber auch hier daran, dass jeder Mensch anders ist. Was für mich perfekt ist, muss für Sie nicht ideal sein. Finden Sie Ihren eigenen Weg zu mehr Bewegung und damit zu weniger Stress.

Nahrungsmittel für mehr Gelassenheit

Als ich anfing, mich intensiver mit Stressbewältigung zu beschäftigen, unterschätzte ich zunächst völlig die Rolle der Ernährung. Ich trank literweise Kaffee, um mich wach zu halten, griff in Stresssituationen zu Süßigkeiten und aß oft hastig zwischendurch. Erst als ich begann, bewusster auf meine Ernährung zu achten, merkte ich, welchen enormen Einfluss Nahrungsmittel auf mein Stressempfinden haben.

Meine erste wichtige Entdeckung waren Bananen. Sie enthalten viel Kalium und Vitamin B6, was nachweislich zur Entspannung beiträgt. Außerdem liefern sie Tryptophan, eine Vorstufe des Glückshormons Serotonin. Ich fing an, morgens eine Banane zu essen. Vielleicht war es Einbildung, aber mit dem Wissen, was alles Gutes in einer Banane steckt, meinte ich zu fühlen, wie sie meine Stressresistenz am Vormittag verbesserte.

Auch Nüsse erwiesen sich als wahre Stresskiller. Besonders Mandeln, Walnüsse und Cashewkerne haben sich zu meinen täglichen Begleitern entwickelt. Sie enthalten gesunde Fette, Magnesium und B-Vitamine – alles Nährstoffe, die unser Nervensystem unterstützen. Eine kleine Handvoll Nüsse als Zwischenmahlzeit hilft mir, ausgeglichener durch stressige Phasen zu kommen.

Eine besondere Überraschung war für mich die Wirkung von dunkler Schokolade. Mit einem Kakaoanteil von mindestens 70 Prozent enthält sie Substanzen, die nachweislich die Produktion von Stresshormonen reduzieren. Ein kleines Stück hochwertige dunkle Schokolade ist jetzt meine bewusste Alternative zu gedankenlosem Süßigkeiten-Konsum in Stresssituationen.

Grüner Tee wurde zu meinem neuen Lieblings-Getränk. Der darin enthaltene Wirkstoff L-Theanin hat eine beruhigende Wirkung, ohne müde zu machen. Ich ersetzte einige meiner täglichen Kaffees durch grünen Tee, wodurch ich weniger nervös und zappelig war.

Besonders interessant fand ich auch die Entdeckung von Haferflocken als Nervennahrung. Sie liefern komplexe Kohlenhydrate, die den Blutzuckerspiegel lange stabil halten. Ein Frühstück mit Haferflocken, Banane und Nüssen gibt mir jetzt die perfekte Basis für stressige Tage.

Auch Hülsenfrüchte haben sich als wichtige Helfer erwiesen. Linsen, Bohnen und Kichererbsen sind reich an B-Vitaminen und Magnesium. Ich integrierte mehr Hülsenfrüchte in meinen Speiseplan und merkte, wie dies meine allgemeine Stressresistenz verbesserte.

Blaubeeren und andere Beeren hingegen enthalten neben vielen Vitaminen auch wertvolle Antioxidantien, die vor den negativen Auswirkungen von Stress schützen. Ich füge sie jetzt regelmäßig meinem Frühstück hinzu oder genieße sie als Snack zwischendurch.

Eine wichtige Erkenntnis war für mich zudem die Bedeutung von fettem Fisch wie Lachs, Makrele oder Hering. Die darin enthaltenen Omega-3-Fettsäuren sind wichtig für unser Gehirn und können Angstzustände und Depressionen lindern. Ich achte nun darauf, mindestens zweimal pro Woche Fisch zu essen.

Darüber hinaus haben sich Avocados als echter Geheimtipp herausgestellt. Sie enthalten neben gesunden Fetten auch Kalium und B-Vitamine – eine perfekte Kombination für mehr Gelassenheit. Ein Avocado-Toast zum Frühstück oder als Snack hilft mir, ausgeglichener durch den Tag zu kommen.

Als kleiner Snack zwischendurch sind Kürbiskerne zu meinem Lieblings-Stresskiller geworden. Sie sind reich an Zink und Magnesium, beides Mineralstoffe, die wichtig für unser Nervensystem sind. Eine kleine Portion Kürbiskerne auf dem Salat sieht zudem nicht nur gesund aus, sondern ist auch echt lecker.

Auch die Bedeutung von fermentierten Lebensmitteln habe ich entdeckt. Sauerkraut, Kefir und Joghurt können durch ihre probiotische Wirkung die Darm-Hirn-Achse positiv beeinflussen.

Ein gesunder Darm trägt wesentlich zu unserem psychischen Wohlbefinden bei. Und die probiotischen Keime in fermentierten Lebensmitteln unterstützen nachweislich das Mikrobiom, also die Gesamtheit aller Mikroorganismen im Darm, und somit das Immunsystem.

Die Umstellung meiner Ernährung klappte natürlich nicht von heute auf morgen. Sie war vielmehr ein schrittweiser Prozess. Ich begann damit, bestimmte Stress-verstärkende Lebensmittel zu reduzieren. Weniger Kaffee, weniger Zucker, weniger stark verarbeitete Lebensmittel. Stattdessen fügte ich nach und nach mehr Entspannung fördernde und gesunde Nahrungsmittel hinzu.

Besonders wichtig war die Erkenntnis, dass nicht nur die Auswahl der Lebensmittel, sondern auch die Art des Essens eine Rolle spielt. Ich musste allerdings erst lernen, mir Zeit zum Essen zu nehmen, bewusst zu kauen und Mahlzeiten nicht nebenbei am Schreibtisch einzunehmen. Die Wasserversorgung spielt dabei ebenfalls eine wichtige Rolle. Ich merkte, dass ich in Stresssituationen oft zu wenig trank. Heute achte ich darauf, über den Tag verteilt ausreichend Wasser zu trinken. Das hilft mir, konzentrierter und ausgeglichener zu bleiben.

Ich entwickelte neue Routinen rund ums Essen. Ein entspanntes Frühstück gibt mir jetzt einen guten Start in den Tag. Regelmäßige Mahlzeiten helfen mir, den Blutzuckerspiegel stabil zu halten, was sich positiv auf mein Stressempfinden auswirkt.

Auch gesunde Snacks wurden zur Gewohnheit. Wenn mich einmal der kleine Hunger überkommt, greife ich jetzt lieber zu ein paar Nüssen, Trockenfrüchten oder Gemüsesticks. So kann ich Heißhungerattacken in stressigen Situationen vorbeugen.

Eine spannende Entdeckung war für mich auch die Wirkung von Gewürzen. Kurkuma, Ingwer und Zimt haben entzündungshemmende Eigenschaften und können zur Entspannung beitragen. Viele verleihen Gerichten sogar eine ganz besonderen Pfiff oder einen unverwechselbaren Charakter.

40

Bei manchen frage ich mich heute sogar, warum ich diese nicht schon viel früher entdeckt habe. Auf jeden Fall experimentiere ich jetzt viel mehr mit Gewürzen in meiner Küche.

Ich möchte Sie ebenfalls ermutigen, Ihre eigene Wohlfühl-Ernährung zu entdecken. Experimentieren Sie ruhig mit verschiedenen Entspannung fördernden Lebensmitteln und beobachten Sie, was Ihnen gut tut. Kleine Veränderungen können bereits große Wirkung haben. Auch hierbei gilt wieder: Ernährung ist sehr individuell. Was bei mir funktioniert, muss nicht unbedingt das Richtige für Sie sein. Hören Sie auf Ihren Körper und finden Sie heraus, welche Lebensmittel Ihnen Energie geben und welche Sie eher belasten. Mit den richtigen Nahrungsmitteln können Sie auf jeden Fall Ihr Nervensystem unterstützen und resistenter gegen Stress werden.

Progressive Muskelentspannung

Als meine Therapeutin mir zum ersten Mal Progressive Muskelentspannung empfahl, war ich skeptisch. Wie sollte das bewusste Anspannen und Entspannen einzelner Muskelgruppen mir helfen, meinen Stress zu bewältigen? Heute weiß ich: Diese einfache Methode ist eines der effektivsten Werkzeuge zur Entspannung, die ich kennengelernt habe.

Meine erste Erfahrung mit Progressiver Muskelentspannung machte ich in einer geführten Gruppensitzung. Ich lernte, wie ich systematisch verschiedene Muskelgruppen erst anspanne und dann wieder loslasse. Anfangs fühlte sich das seltsam an, fast ein bisschen albern. Doch schon nach der ersten Übung spürte ich eine deutliche Entspannung in meinem Körper.

Die Grundidee ist eigentlich ganz einfach: Wir spannen eine Muskelgruppe für etwa fünf bis sieben Sekunden bewusst an und lassen dann los. Durch den Kontrast zwischen Anspannung und Entspannung lernen wir, Verspannungen besser wahrzunehmen und gezielt zu lösen. Ich war überrascht, wie viele unbewusste Anspannungen ich in meinem Körper trug.

Ich begann mit einer vereinfachten Version, die sich auf acht Muskelgruppen konzentrierte. Zuerst die Hände und Unterarme: Ich balle die Fäuste, so fest ich kann, und spüre die Spannung. Dann lasse ich los und nehme wahr, wie sich die Entspannung ausbreitet. Als nächstes die Oberarme: Ich drücke sie fest an meinen Körper und lasse wieder los.

Besonders effektiv fand ich die Übung für den Schulter-Nacken-Bereich. Ich ziehe die Schultern hoch zu den Ohren, halte die Spannung und lasse sie dann fallen wie eine schwere Last. Hier spürte ich die größte Erleichterung, da ich wie viele Menschen viel Stress in dieser Region quasi speichere.

Mit der Zeit lernte ich die einzelnen Schritte besser kennen. Das Gesicht war zum Beispiel ebenfalls eine interessante Entdeckung: Ich ziehe alle Gesichtsmuskeln zusammen, als würde ich in eine Zitrone beißen und lasse dann los. Die Entspannung im Gesicht überträgt sich oft auf den ganzen Körper.

Die Brustmuskulatur und der Rücken waren anfangs schwierig zu erreichen. Ich lernte, die Schulterblätter zusammenzuziehen und den Rücken durchzudrücken, dann wieder zu entspannen. Auch der Bauch bekam seine Aufmerksamkeit: Anspannen wie bei einem Boxhieb, dann loslassen und die Wärme spüren.

Wie schon der Schulter-Nackenbereich erwiesen sich auch die Beine als wahre Stresspuffer. Ich spanne die Oberschenkel an, strecke die Beine aus, ziehe die Füße zum Körper und lasse alles los. Die Entspannung in den Beinen hat oft eine beruhigende Wirkung auf den ganzen Körper.

Mit regelmäßiger Übung wurde die Progressive Muskelentspannung zu meinem persönlichen Notfall-Werkzeug. In stressigen Situationen kann ich jetzt einzelne Übungen anwenden, ohne dass es jemand bemerkt. Ein kurzes Anspannen und Loslassen der Schultern während eines schwierigen Meetings kann Wunder wirken.

Ich entwickelte verschiedene Routinen für unterschiedliche Situationen. Morgens im Bett mache ich gelegentlich eine Kurzversion, um wach und entspannt in den Tag zu starten. In der Mittagspause nutze ich manchmal eine 10-Minuten-Übung, um neue Energie zu tanken. Abends hilft mir die längere Version beim Einschlafen. Besonders wertvoll fand ich die Kombination mit der Atmung. Ich atme ein, während ich anspanne, und aus, während ich loslasse. Diese Verbindung verstärkt die entspannende Wirkung und hilft mir, ganz im Moment zu bleiben.

Eine wichtige Erkenntnis war für mich auch der Zusammenhang zwischen körperlicher und mentaler Entspannung. Wenn meine Muskeln sich entspannen, beruhigen sich auch meine Gedanken. Die körperliche Entspannung überträgt sich auf die psychische Ebene.

43

Mit der Zeit lernte ich, die Übungen an meine Bedürfnisse anzupassen. An manchen Tagen brauche ich mehr Aufmerksamkeit im Nackenbereich, an anderen konzentriere ich mich mehr auf die Beine. Ich höre auf meinen Körper und entscheide flexibel, was ich gerade brauche.

Die Progressive Muskelentspannung half mir auch, ein besseres Körperbewusstsein zu entwickeln. Ich spüre jetzt früher, wenn sich Verspannungen aufbauen, und kann gegensteuern, bevor der Stress überhand nimmt.

Ein weiterer Vorteil ist, dass sich die Methode überall anwenden lässt. Im Büro, im Auto, im Wartezimmer: einzelne Übungen kann ich unauffällig durchführen, wann immer ich sie brauche. Das gibt mir ein Gefühl von Kontrolle in stressigen Situationen.

Ich lernte auch, die Übungen in meinen Tagesablauf zu integrieren. Während ich auf den Bus warte, entspanne ich meine Schultern. In langweiligen Meetings konzentriere ich mich auf meine Gesichtsmuskeln. Vor wichtigen Gesprächen nutze ich die Atmung-Anspannung-Kombination.

Mit der Zeit wurden die Übungen immer natürlicher. Ich brauchte keine geführten Anleitungen mehr, sondern konnte die Sequenzen aus dem Gedächtnis abrufen. Das machte die Methode noch flexibler und praktischer im Alltag.

Besonders effektiv ist die Progressive Muskelentspannung für mich in Kombination mit anderen Entspannungstechniken. Nach einem stressigen Tag mache ich erst eine kurze Atemübung, dann die Progressive Muskelentspannung und schließe mit einer positiven Visualisierung ab.

Probieren Sie diese wertvolle Methode doch am besten selbst einmal aus. Fangen Sie mit einzelnen Muskelgruppen an und erweitern Sie die Übungen nach und nach. Experimentieren Sie mit verschiedenen Variationen und finden Sie Ihren eigenen Rhythmus.

Prioritäten setzen und Überforderung vermeiden

Als ich vor einigen Jahren kurz vor einem Burnout stand, wurde mir klar: Ich musste dringend lernen, Prioritäten zu setzen. Meine To-do-Liste wurde immer länger, ich sagte zu allem Ja und verlor mich in unwichtigen Aufgaben. Die ständige Überforderung machte mich krank. Heute weiß ich: Das richtige Setzen von Prioritäten ist ein Schlüssel zu einem ausgewogenen Leben.

Die Eisenhower-Methode wurde zu meinem wichtigsten Werkzeug. Das Prinzip ist einfach: Alle Aufgaben werden nach Wichtigkeit und Dringlichkeit sortiert. So entstehen vier Kategorien: Wichtig und dringend, wichtig aber nicht dringend, dringend aber nicht wichtig, weder wichtig noch dringend. Diese Methode half mir, endlich Ordnung in mein Chaos zu bringen.

Ich begann jeden Morgen damit, meine Aufgaben in diese vier Quadranten einzuteilen. Die wichtigen und dringenden Aufgaben wie die Präsentation für den Nachmittag erledigte ich sofort. Die wichtigen, aber nicht dringenden Aufgaben wie die langfristige Projektplanung bekamen feste Zeitfenster in meinem Kalender.

Eine große Erkenntnis war für mich, wie viele dringende, aber nicht wichtige Aufgaben ich täglich erledigte. Ständige Unterbrechungen, unwichtige E-Mails, Anfragen von Kollegen. All das fraß nicht nur meine Zeit, es brachte mich auch nicht wirklich weiter. Ich lernte, diese Aufgaben zu delegieren oder höflich abzulehnen.

Der vierte Quadrant – weder wichtig noch dringend – war ein echter Augenöffner. Social Media scrollen, unnötige Meetings, übertriebener Perfektionismus ... Ich strich diese Zeitfresser konsequent von meiner Liste. Die gewonnene Zeit investierte ich in die wirklich wichtigen Dinge.

Neben der Eisenhower-Methode entdeckte ich die Zwei-Minuten-Regel: Alles, was ich in weniger als zwei Minuten erledigen kann, mache ich sofort.

Eine kurze E-Mail beantworten, den Geschirrspüler ausräumen, einen Termin eintragen – diese kleinen Aufgaben nicht aufzuschieben, reduzierte meinen mentalen Ballast erheblich.

Das Pareto-Prinzip wurde zu einer weiteren wichtigen Erkenntnis. Die Regel besagt, dass 80 Prozent der Ergebnisse mit 20 Prozent des Aufwands erreicht werden. Ich fragte mich bei jeder Aufgabe: Gehört dies zu den wichtigen 20 Prozent? Diese Perspektive half mir, mich auf das Wesentliche zu konzentrieren.

Eine praktische Technik war für mich zudem das Time-Boxing: Ich teilte meinen Tag in feste Zeitblöcke ein. Morgens zwei Stunden für konzentrierte Arbeit an wichtigen Projekten, mittags eine Stunde für E-Mails und Kommunikation, nachmittags Zeit für Meetings und Teamarbeit. Diese Struktur verhinderte, dass ich mich in Einzelaufgaben verlor.

Ich entwickelte auch ein System für regelmäßige Aufgaben-Reviews. Jeden Freitagnachmittag überprüfe ich meine To-do-Liste: Was habe ich geschafft? Was kann weg? Was muss neu priorisiert werden? Diese wöchentliche Bestandsaufnahme gibt mir Kontrolle und Überblick.

Das Eat the Frog-Prinzip half mir, mit schwierigen Aufgaben umzugehen. Die unangenehmste oder herausforderndste Aufgabe packe ich jetzt als erstes an. Wenn der Frosch quasi gegessen ist, fühlt sich der Rest des Tages viel leichter an. Obwohl ich Frösche liebe, und sie natürlich niemals verspeisen würde, wurde diese Methode zu einer meiner liebsten. Ich denke daher darüber nach, sie einfach umzubenennen. Wie wäre es mit Kiss the Frog?

Ein weiterer wichtiger Schritt war das Lernen, Nein zu sagen. Hierfür entwickelte ich höfliche, klare Formulierungen für Absagen: „Das ist ein spannendes Projekt, aber ich muss mich aktuell auf andere Prioritäten konzentrieren" wurde zum Beispiel zu einem meiner Standardsätze.

Die ALPEN-Methode unterstützt mich bei der täglichen Planung: Aufgaben aufschreiben, Länge einschätzen, Pufferzeit einplanen,

Entscheidungen treffen, Nachkontrolle durchführen. Diese systematische Herangehensweise hilft mir, realistischer zu planen und Überforderung zu vermeiden.

Ich lernte auch, zwischen urgent und important zu unterscheiden. Nicht alles, was dringend erscheint, ist auch wirklich wichtig. Umgekehrt bekommen wichtige, langfristige Projekte oft zu wenig Aufmerksamkeit, weil sie nicht brennen. Diese Unterscheidung schärfte meinen Blick für echte Prioritäten.

Eine weitere hilfreiche Technik war das Delegations-ABC: A-Aufgaben erledige nur ich selbst, B-Aufgaben kann ich delegieren, muss aber das Ergebnis kontrollieren, C-Aufgaben gebe ich komplett ab. Diese klare Einteilung half mir, Verantwortung abzugeben und mich zu entlasten.

Auch die 6-Monats-Perspektive wurde zu einem wertvollen Tool. Bei wichtigen Entscheidungen frage ich mich: Welche Bedeutung wird diese Aufgabe in sechs Monaten haben? Diese Frage hilft mir, kurzfristige Wichtigkeiten von echten Prioritäten zu unterscheiden.

Ich entwickelte auch Strategien gegen den Perfektionismus-Fallstrick. Die 80/20-Regel – wie beim Pareto-Prinzip – half mir zu erkennen: Die letzten 20 Prozent Perfektion kosten oft 80 Prozent der Zeit. Ich lernte, gut genug als Standard zu akzeptieren und meine Energie besser einzuteilen.

Ein weiterer wichtiger Aspekt war das Einplanen von Pufferzeiten. Ich reserviere jetzt bewusst Zeit für Unvorhergesehenes. Diese flexible Planung reduziert Stress und gibt mir Spielraum für spontane Anforderungen. Dabei versuchte ich auch die Energiekurve als wichtigen Planungsfaktor zu berücksichtigen. Ich erledigte anspruchsvolle Aufgaben in meinen Hochleistungsphasen am Morgen und leichtere Tätigkeiten am Nachmittag. Diese Anpassung an meinen natürlichen Rhythmus steigerte meine Produktivität erheblich.

Ich lernte auch, regelmäßige Pausen als Priorität zu sehen. Früher arbeitete ich oft durch, heute plane ich bewusst Erholungszeiten ein.

47

Diese Pausen sind keine verschwendete Zeit, sondern eine Investition in meine Leistungsfähigkeit.

Auch das Kontingent-Prinzip half mir, Grenzen zu setzen. Ich legte fest, wie viel Zeit ich maximal für bestimmte Aktivitäten aufwenden will. E-Mails checken: 30 Minuten. Social Media: 15 Minuten. Diese klaren Limits verhinderten, dass unwichtige Aufgaben überhand nahmen.

Prioritäten setzen ist auf jeden Fall wichtig für ein effektives Stressmanagement. Das bedeutet aber nicht, mehr zu schaffen, sondern das Richtige zu tun. Es geht darum, Ihre begrenzte Zeit und Energie optimal einzusetzen und Überforderung zu vermeiden.

Ich möchte Sie ermutigen, Ihre eigene Prioritätensetzung zu überdenken. Experimentieren Sie mit verschiedenen Methoden und finden Sie heraus, was für Sie am besten funktioniert. Kleine Veränderungen in der Arbeitsorganisation können oft große Wirkung haben.

Netzwerke zur Stressbewältigung nutzen

Lange Zeit versuchte ich, meinen Stress alleine zu bewältigen. Ich dachte, ich müsste stark sein und alles selbst schaffen. Heute weiß ich, dass diese Einstellung ein großer Fehler war. Die Unterstützung durch andere Menschen ist einer der wichtigsten Faktoren bei der Stressbewältigung. Ein starkes Netzwerk kann uns durch schwierige Zeiten tragen.

Meine erste wichtige Erkenntnis war: Ich bin nicht allein mit meinem Stress. Als ich anfing, mit anderen darüber zu sprechen, merkte ich, wie viele Menschen ähnliche Erfahrungen machen. Diese Erkenntnis nahm mir das Gefühl der Isolation und öffnete die Tür für gegenseitige Unterstützung.

Die Familie erwies sich als erste wichtige Säule meines Unterstützungsnetzwerks. Ich lernte, offen mit meinen Angehörigen über meine Belastungen zu sprechen. Manchmal reichte schon ein ehrliches Gespräch beim Abendessen, um die Last etwas leichter zu machen. Meine Familie gab mir Rückhalt und praktische Hilfe.

Freundschaften bekamen eine neue Bedeutung für mich. Ich identifizierte die Menschen in meinem Umfeld, die mir wirklich gut taten. Mit ihnen verabredete ich regelmäßige Auszeiten: Spaziergänge, Kaffeeklatsch, Sportaktivitäten. Diese Treffen wurden zu wichtigen Ankerpunkten in meinem Leben.

Am Arbeitsplatz baute ich kollegiale Unterstützungsstrukturen auf. Ich fand zwei Kollegen, mit denen ich mich regelmäßig austauschte. Wir teilten Erfahrungen, gaben uns Tipps und halfen uns gegenseitig bei der Bewältigung von Arbeitsstress.

Eine Selbsthilfegruppe wurde zu einer wertvollen Ressource. Hier traf ich Menschen, die ähnliche Herausforderungen meisterten. Der regelmäßige Austausch in der Gruppe gab mir neue Perspektiven und praktische Bewältigungsstrategien.

Ich entdeckte zudem die Kraft von Online-Communities. In verschiedenen Foren und Gruppen fand ich Menschen, die ähnliche Erfahrungen teilten. Der digitale Austausch ermöglichte mir flexible Unterstützung, unabhängig von Zeit und Ort.

Professionelle Unterstützung wurde überdies ein wichtiger Teil meines Netzwerks. Ein Coach half mir, meine Stressmuster zu erkennen und neue Strategien zu entwickeln. Diese professionelle Begleitung gab mir Sicherheit und konkrete Werkzeuge an die Hand.

Sportgruppen erwiesen sich als doppelt wertvoll: Sie boten sowohl körperlichen Ausgleich als auch soziale Unterstützung. Beim gemeinsamen Yoga oder Laufen entstanden oft die besten Gespräche. Die Kombination aus Bewegung und Austausch tat mir besonders gut.

Ich lernte auch, verschiedene Netzwerke für unterschiedliche Bedürfnisse zu nutzen. Manche Kontakte waren gut für emotionale Unterstützung, andere für praktische Hilfe, wieder andere für fachlichen Austausch. Diese Vielfalt gab mir Stabilität.

Mitarbeiter in größeren Unternehmen können gegebenenfalls auch Unterstützung in firmeneigenen Organisationen finden. So eröffnete mir ein Mentoring-Programm in meiner Firma ganz neue Perspektiven. Mein Mentor teilte seine Erfahrungen im Umgang mit beruflichem Stress. Seine Ratschläge und sein Beispiel halfen mir, gelassener mit Herausforderungen umzugehen.

Ich entdeckte die Bedeutung von Gegenseitigkeit in Netzwerken. Nicht nur Hilfe anzunehmen, sondern auch anderen zu helfen, stärkte mein Selbstwertgefühl. Diese Wechselseitigkeit machte die Beziehungen ausgeglichen und nachhaltig.

Regelmäßige Stress-Check-Ins mit vertrauten Menschen wurden Teil meiner Routine. Wir trafen uns alle zwei Wochen, um über unsere aktuelle Situation zu sprechen. Diese regelmäßigen Gespräche halfen, Probleme früh zu erkennen und gegenzusteuern.

50

Ich lernte auch, mein Netzwerk aktiv zu pflegen. Regelmäßige Kontakte, kleine Aufmerksamkeiten, gegenseitige Unterstützung: all das brauchte Zeit und Energie, zahlte sich aber vielfach aus.

Die Teilnahme an Workshops und Seminaren erweiterte mein Netzwerk ständig. Hier traf ich Menschen mit ähnlichen Interessen und Herausforderungen. Aus manchen dieser Begegnungen entwickelten sich wertvolle langfristige Kontakte.

Auch digitale Tools nutze ich bewusst zur Netzwerkpflege. WhatsApp-Gruppen für schnellen Austausch, Video-Calls für tiefere Gespräche, Online-Plattformen für fachlichen Input – die digitale Vernetzung ergänzt die persönlichen Kontakte sinnvoll. Die Balance zwischen Geben und Nehmen ist aber in jedem Fall wichtig. Ich lernte, sowohl um Hilfe zu bitten als auch Unterstützung anzubieten. Diese Ausgewogenheit macht Beziehungen stark und nachhaltig. Ein Notfall-Netzwerk gibt mir heute zusätzliche Sicherheit. Ich weiß genau, wen ich in verschiedenen Krisensituationen kontaktieren kann. Diese Gewissheit reduziert den Stress in schwierigen Situationen.

Ich entwickelte darüber hinaus Strategien, um toxische Beziehungen zu erkennen und mich davon zu lösen. Nicht jeder Kontakt tut gut. Manchmal bedeutet Netzwerkpflege auch, sich von belastenden Beziehungen zu trennen. Die Integration verschiedener Lebensbereiche in mein Netzwerk erwies sich aber als wertvoll. Familie, Freunde, Kollegen, Therapeuten, Sportgruppen – jeder Bereich trägt auf seine Weise zur Stressbewältigung bei.

Ich möchte auch Sie ermutigen, Ihr eigenes Unterstützungsnetzwerk aufzubauen und zu pflegen. Beginnen Sie mit kleinen Schritten, identifizieren Sie Menschen, die Ihnen gut tun, und investieren Sie bewusst in diese Beziehungen.

Kunst und Schreiben als Ventil für Stress

Als ich zum ersten Mal in einem Stressmanagement-Seminar den Vorschlag hörte, meine Gefühle aufzuschreiben oder kreativ auszudrücken, verdrehte ich innerlich die Augen. Heute weiß ich: Kreatives Ausdrücken hat nichts mit Talent zu tun. Es ist ein kraftvolles Werkzeug zur Stressbewältigung, das jedem zur Verfügung steht.

Ich begann mit einem einfachen Notizbuch. Ich schrieb jeden Abend drei Dinge auf, die mich beschäftigten. Anfangs waren es oft nur Stichpunkte. Doch schon bald merkte ich, wie befreiend es war, meine Gedanken und Gefühle zu Papier zu bringen.

Das Tagebuchschreiben entwickelte sich zu einem wichtigen Ritual. Morgens notierte ich meine Träume und Morgenstimmungen, abends reflektierte ich den Tag. Das regelmäßige Schreiben half mir, Muster in meinem Stresserleben zu erkennen und besser zu verstehen.

Besonders hilfreich war das sogenannte Stream of Consciousness-Schreiben. In der Literaturwissenschaft ist damit eine Erzähltechnik gemeint, die die scheinbar ungeordnete Folge der Bewusstseinsinhalte wiedergibt. Klingt einfach, ist es auch. Beim „Bewusstseinsstrom-Schreiben" schreibe ich einfach drauflos, ohne zu zensieren oder zu korrigieren. Alles, was mir durch den Kopf geht, darf aufs Papier. Diese Methode hilft mir, den Kopf frei zu bekommen und verborgene Sorgen ans Licht zu bringen.

Gleiches galt für das Schreiben von Briefen. Obwohl ich diese nie abschickte und das auch gar nicht vor hatte, erwies sich das Schreiben ebenfalls als kraftvolle Methode zum Stressabbau. So konnte ich in diesen Briefen alles aussprechen, was ich im realen Leben zurückhielt. Diese ehrliche Kommunikation mit mir selbst half mir, belastende Gefühle zu verarbeiten.

Eine besondere Entdeckung war das Visual Journal – eine Kombination aus Tagebuch und künstlerischem Ausdruck.

Hier vermische ich Worte mit Bildern, Farben mit Gedanken. Diese ganzheitliche Ausdrucksform spricht verschiedene Sinne an und hilft mir, Erlebnisse tiefer zu verarbeiten.

Das Schreiben von Kurzgeschichten eröffnete mir neue Möglichkeiten. In fiktiven Geschichten konnte ich reale Probleme aus einer anderen Perspektive betrachten. Die kreative Distanz half mir, neue Lösungswege zu erkennen.

In diesem Zusammenhang entdeckte ich auch die Kraft der Poesie. Keine hochgestochenen Gedichte, sondern einfache Verse, in denen ich meine Gefühle in Worte fasste. Das half mir, zum Kern meiner Empfindungen vorzudringen.

Ich lernte auch die Kraft des kreativen Schreibens in der Gruppe kennen. Der Austausch mit anderen, das gemeinsame Experimentieren mit Worten und Bildern, die gegenseitige Inspiration – all das bereicherte meine kreative Praxis.

Das Arbeiten mit Farben wurde zu einer Möglichkeit, Gefühle auszudrücken, für die ich keine Worte fand. Rot für Wut, Blau für Trauer, Gelb für Hoffnung – die Farben sprachen eine eigene, heilsame Sprache.

Auch das Fotografieren entwickelte sich zu einem wertvollen Ventil. Ich begann, auf meinen Spaziergängen bewusst nach schönen Motiven zu suchen. Der fokussierte Blick durch die Kamera half mir, den Alltagsstress auszublenden und das Schöne wahrzunehmen.

Versuchen Sie es doch auch einmal. Selbst wenn es zunächst etwas albern erscheint, sich banale Dinge von der Seele zu schreiben, einen Zen-Garten für den Schreibtisch mit einem Mini-Rechen zu bearbeiten, mit den Fingern zu malen oder lustige Figuren zu kneten – in der Kunst liegt ein enormes Potenzial und mächtiges Werkzeug, Stress einfach und effektiv abzubauen. Nicht alle kreativen Tätigkeiten müssen immer gleich viel Spaß machen. Finden Sie heraus, wobei Sie am besten entspannen können.

So entdeckte ich für mich, dass kreatives Schaffen keine perfekten Ergebnisse braucht. Der Prozess ist wichtiger als das Produkt.

Diese Erkenntnis befreite mich vom Leistungsdruck und ließ mich die therapeutische Wirkung des kreativen Ausdrucks voll nutzen.

Die Integration von Kunst und Schreiben in meinen Alltag wurde zu einer wichtigen Selbstfürsorge-Strategie. Kleine kreative Momente im Tagesverlauf helfen mir auch heute, zwischen den Terminen durchzuatmen und neue Energie zu tanken.

Die Auswirkungen digitaler Medien auf Stress

Als ich vor einigen Jahren merkte, dass mein Stresslevel immer weiter anstieg, suchte ich zunächst nach allen möglichen Ursachen – nur nicht in meiner Smartphone-Nutzung. Heute weiß ich, dass die ständige Verbindung zur digitalen Welt einer der Hauptfaktoren für meinen zunehmenden Stress war. Die permanente Informationsflut, die ständige Erreichbarkeit und der unterschwellige Druck, nichts verpassen zu dürfen, hatten sich tief in meinen Alltag eingeschlichen.

Morgens begann mein Tag mit dem Griff zum Smartphone. Noch im Bett checkte ich E-Mails, Nachrichten und Social Media. Was als kurzer Überblick gedacht war, entwickelte sich nicht selten zu einer längeren Scrolling-Session. Ich startete bereits gestresst in den Tag, mit einem Kopf voller Informationen und To-dos.

So ging es weiter. Während der Arbeit unterbrachen ständig Benachrichtigungen meinen Fokus. Jedes Ping, jedes Pling, jedes Klingeln, jede Vibration riss mich aus meiner Konzentration. Ich sprang zwischen verschiedenen Apps, Chats und E-Mails hin und her. Am Ende des Tages war ich erschöpft, hatte aber nicht das Gefühl, wirklich produktiv gewesen zu sein.

Die sozialen Medien entwickelten sich zu einem weiteren Stressfaktor. Der ständige Vergleich mit anderen, die scheinbar perfekten Leben meiner Kontakte, die endlose Flut an Informationen und Meinungen – all das setzte mich unterschwellig unter Druck. Ich fühlte mich oft unzulänglich und gleichzeitig süchtig nach mehr Content.

Auch meine Freizeit war von digitalen Medien durchdrungen. Netflix-Bingewatching, endloses Scrollen durch Social Media, YouTube-Marathons – statt mich zu erholen, fühlte ich mich oft noch erschöpfter. Die ständige visuelle und akustische Reizüberflutung ließ meinem Gehirn keine Zeit zum Abschalten.

Ein besonderes Problem war die permanente Erreichbarkeit. Berufliche E-Mails erreichten mich auch abends und am Wochenende. WhatsApp-Gruppen forderten ständige Aufmerksamkeit. Ich hatte das Gefühl, immer online sein zu müssen, nie wirklich abschalten zu können.

Die Auswirkungen zeigten sich auf verschiedenen Ebenen. Meine Schlafqualität litt, weil ich abends zu lange am Bildschirm hing. Meine Konzentrationsfähigkeit nahm ab, weil ich mich an ständige Unterbrechungen gewöhnt hatte. Meine Beziehungen wurden oberflächlicher, weil echte Gespräche durch digitale Kommunikation ersetzt wurden.

Ich bemerkte auch körperliche Symptome. Verspannungen im Nacken vom ständigen Nach-unten-Schauen aufs Smartphone. Kopfschmerzen von zu viel Bildschirmzeit. Müde Augen vom pausenlosen Starren auf nicht wirklich große Displays. Mein Körper sendete deutliche Warnsignale.

Die Erkenntnis, dass ich etwas ändern musste, kam aber nicht plötzlich. Es war vielmehr ein schleichender Prozess, begleitet von zunehmender Unzufriedenheit und dem Gefühl, die Kontrolle über meine Zeit und Aufmerksamkeit verloren zu haben.

Ich begann zu recherchieren und lernte viel über die neurologischen Auswirkungen digitaler Medien. Die ständigen Dopamin-Kicks durch Likes und Benachrichtigungen, die Überstimulation unseres Nervensystems, die Veränderung unserer Aufmerksamkeitsspanne – die wissenschaftlichen Erkenntnisse waren eindeutig.

Besonders interessant fand ich die Forschung zur Digitalen Demenz. Hierbei handelt es sich um einen Begriff, der vor allem durch den deutschen Gehirnforscher Manfred Spitzer verbreitet wurde. Er bezieht sich auf die Theorie, dass vermehrte Nutzung digitaler Medien mentale Defizite hervorrufen kann wie übermäßiger Medienkonsum. Ich erkannte viele der beschriebenen Symptome bei mir selbst: Schwierigkeiten, längeren Texten zu folgen, Probleme beim Erinnern, verkürzte Aufmerksamkeitsspanne, Konzentrationsprobleme.

Die sozialen Auswirkungen wurden mir ebenfalls bewusst. Wie oft saß ich mit Freunden zusammen, und alle starrten auf ihre Smartphones. Wie viele bedeutungsvolle Gespräche wurden durch oberflächliche digitale Kommunikation ersetzt. Auch die Qualität meiner Beziehungen litt unter der ständigen digitalen Ablenkung.

Ich begann, mein digitales Verhalten bewusst zu beobachten. Wie oft griff ich täglich zum Smartphone? Wie viele Stunden verbrachte ich vor verschiedenen Bildschirmen? Die Ergebnisse erschreckten mich. Der Großteil meiner wachen Zeit war von digitalen Medien bestimmt.

Kein Wunder, dass auch meine Work-Life-Balance aus dem Gleichgewicht geraten war. Durch die ständige Erreichbarkeit verschwammen die Grenzen zwischen Arbeit und Privatleben. Ich checkte arbeitsbezogene E-Mails beim Abendessen, beantwortete berufliche Nachrichten noch kurz vor dem Schlafengehen.

Die Auswirkungen auf meine mentale Gesundheit wurden immer deutlicher. Die ständige Reizüberflutung erhöhte mein Stresslevel. Das Gefühl, ständig erreichbar sein zu müssen, erzeugte Anspannung. Der permanente Vergleich in sozialen Medien nährte Selbstzweifel.

Ich erkannte, dass ich eine bewusstere Beziehung zu digitalen Medien entwickeln musste. Nicht kompletter Verzicht war das Ziel, sondern ein ausgewogener, gesunder Umgang. Ich brauchte klare Strategien und Grenzen.

In den folgenden Kapiteln teile ich meine Erfahrungen und praktischen Tipps für einen gesünderen Umgang mit digitalen Medien.

Reduzierung digitaler Medien

Als ich beschloss, meine Nutzung digitaler Medien einzuschränken, startete ich mit einer Bestandsaufnahme. Eine Woche lang protokollierte ich genau, wann und wie lange ich welche digitalen Medien nutzte. Das Ergebnis war ernüchternd: Über fünf Stunden täglich verbrachte ich mit Smartphone, Tablet und Computer – zusätzlich zur Arbeitszeit.

Ich begann mit kleinen, aber wirksamen Veränderungen im Schlafzimmer. Das Smartphone verbannte ich aus dem Schlafbereich und kaufte mir einen klassischen Wecker. Die erste Nacht war seltsam. Ich fühlte mich fast nackt ohne mein Handy. Aber schon nach wenigen Tagen schlief ich besser ein und wachte erholter auf.

Morgens entwickelte ich ein neues Ritual. Statt sofort zum Smartphone zu greifen, gönnte ich mir eine Tasse Tee und zehn Minuten Stille. Ein Vorteil von heißem Tee, den man nicht einfach hinunterstürzen kann. Diese kleine Änderung veränderte die Qualität meines Starts in den Tag grundlegend. Ich begann den Morgen entspannter und selbstbestimmter.

Die Benachrichtigungen auf meinem Smartphone stellte ich radikal um. Ich deaktivierte alle Töne und Vibrationen außer für Anrufe und Nachrichten von den wichtigsten Kontakten. Der ständige Strom von Unterbrechungen versiegte. Ich gewann neue Konzentrationsphasen hinzu.

Für die Arbeit richtete ich feste Digital-Zeiten ein. E-Mails checkte ich nun dreimal täglich zu festgelegten Zeiten. Die Zeit zwischen diesen Checks nutzte ich für fokussiertes Arbeiten. Meine Produktivität stieg merklich, und der Stress sank.

Social Media erwies sich als größte Herausforderung. Ich begann mit einer radikalen Digital Detox-Woche: kompletter Verzicht für alle sozialen Medien. Die ersten Tage waren schwer. Aber dann spürte ich eine wachsende innere Ruhe. Nach dieser Woche installierte ich bewusst nur die wichtigsten Apps wieder.

Für die verbliebenen Social-Media-Apps setzte ich mir klare Zeitlimits. Mein Smartphone zeigt mir nun an, wenn die festgelegte Zeit – 30 Minuten pro Tag – erreicht ist. Anfangs ignorierte ich diese Warnung oft, aber mit der Zeit wurde es leichter, mich daran zu halten.

In meiner Wohnung schuf ich digitale Zonen und analoge Zonen. Der Esstisch wurde zur Smartphone-freien Zone erklärt. Das Arbeitszimmer ist für digitale Aktivitäten reserviert. Diese räumliche Trennung half mir, bewusstere Entscheidungen über meine Mediennutzung zu treffen.

Die gewonnene Zeit füllte ich bewusst mit analogen Aktivitäten. Ich begann wieder mehr zu lesen – richtige Bücher aus echtem Papier. Ich nahm mir Zeit für Spaziergänge ohne Kopfhörer. Ich traf mich mit Freunden zu Gesprächen ohne ständige Smartphone-Checks.

Für meine Arbeitspausen entwickelte ich neue Routinen. Statt am Bildschirm zu bleiben und durch soziale Medien zu scrollen, mache ich nun kurze Dehnübungen, gehe eine Runde um den Block oder führe ein kurzes Gespräch mit Kollegen.

An den Wochenenden experimentierte ich mit Digital Sabbaticals. Samstags schalte ich nun das Smartphone komplett aus. Die ersten Male fühlte ich mich wie abgeschnitten. Aber bald genoss ich diese Auszeiten sehr. Und irgendwann wurde sogar die echte Welt wieder interessanter als die digitale.

Das Thema digitale Kommunikation sprach ich offen mit Familie und Freunden an. Ich erklärte ihnen meine neue Medienstrategie und bat um Verständnis, wenn ich nicht sofort auf Nachrichten antworte. Die meisten reagierten positiv und zogen teilweise sogar mit.

Auch in Meetings führte ich neue Regeln ein. Laptops bleiben geschlossen, Smartphones außer Sichtweite. Die Gespräche wurden fokussierter und produktiver. Viele Kollegen übernahmen diese Praxis für ihre eigenen Meetings.

Abends entwickelte ich ein Digital Sunset-Ritual. Eine Stunde vor dem Schlafengehen schalte ich alle Bildschirme aus. Diese bildschirmfreie Zeit half mir, besser einzuschlafen und entspannter in den nächsten Tag zu starten.

Auch meine Freizeit gestaltete ich neu. Netflix-Marathons ersetzte ich durch andere Aktivitäten: Puzzeln, Zeichnen, Musikhören. Ich entdeckte, wie erfüllend analoge Hobbys sein können.

Für den Nachrichtenkonsum setzte ich mir klare Grenzen. Zweimal täglich checke ich ausgewählte Quellen. Die ständige Breaking News-Flut hatte ich als großen Stressfaktor identifiziert.

Das alles war nicht immer einfach und manchmal sogar richtig herausfordernd. Auf jeden Fall aber verbesserte die reduzierte Nachrichtendosis meine mentale Gesundheit sehr.

Ich möchte auch Sie ermutigen, Ihre eigene digitale Reduzierung zu starten. Es geht dabei nicht um kompletten Verzicht, sondern um bewusste Nutzung. Das Ziel ist ein ausgewogenes Verhältnis zwischen digitaler und analoger Welt. Beginnen Sie am besten mit kleinen Schritten und beobachten Sie die positiven Veränderungen. Experimentieren Sie mit verschiedenen Strategien und finden Sie Ihren persönlichen Weg.

In den folgenden Kapiteln finden Sie praktische Tipps für Ihre digitale Diät und wie Sie schrittweise zu einem gesünderen Umgang mit digitalen Medien finden.

Digital Detox – Warum Abschalten so wichtig ist

Als ich meinen ersten Digital Detox wagte, war ich skeptisch. Eine Woche ohne Smartphone, Social Media und ständige Online-Verfügbarkeit? Das erschien mir unmöglich. Doch eben diese digitale Auszeit war der Beginn einer wertvollen Veränderung in meinem Leben.

Der Entschluss kam nach einer besonders stressigen Phase. Ständige Erreichbarkeit, endloses Scrollen durch Social Media und die permanente Informationsflut hatten mich erschöpft. Ich fühlte mich wie ein Hamster im digitalen Rad, ständig in Bewegung, aber ohne wirklich voranzukommen.

Meine erste digitale Auszeit plante ich sorgfältig. Ich informierte Familie, Freunde und Arbeitskollegen über mein Vorhaben. Wichtige Telefonnummern schrieb ich auf Papier. Einen klassischen Wecker besorgte ich mir ebenfalls. Die Vorbereitungen halfen mir, meine Ängste vor dem Offline-Sein zu reduzieren.

Der erste Tag ohne Smartphone war seltsam. Ständig griff meine Hand automatisch zur Stelle, wo sonst mein Handy steckte. Ich fühlte mich regelrecht nackt ohne die vertraute digitale Verbindung zur Welt. Doch schon am Abend bemerkte ich erste positive Veränderungen.

Meine Aufmerksamkeit verbesserte sich. Ohne ständige Benachrichtigungen konnte ich mich viel besser auf einzelne Tätigkeiten konzentrieren. Ich las länger und konzentrierter am Stück, führte tiefere Gespräche und nahm meine Umgebung intensiver wahr. Die digitale Reizüberflutung hatte offenbar meine Wahrnehmung mehr eingeschränkt als mir bewusst war.

In den folgenden Tagen entdeckte ich die analoge Welt neu. Ich verbrachte mehr Zeit in der Natur, hatte längere Gespräche mit Freunden und Familie und fand zurück zu alten Hobbys. Das Zeichnen, das ich früher so liebte, machte mir plötzlich wieder Freude.

Besonders überraschend war die Auswirkung auf meinen Schlaf. Ohne abendliche Bildschirmzeit und das damit einhergehende blaue Licht, das nachweislich schlecht für gesunden Schlaf ist, schlief ich schneller ein und wachte erholter auf. Meine innere Uhr stellte sich neu ein.

Nach einer Woche offline war ich erstaunt, wie wenig ich tatsächlich verpasst hatte. Die wichtigen Nachrichten erreichten mich auch über persönliche Gespräche. Die vermeintlich unverzichtbaren Social-Media-Updates stellten sich als weitgehend irrelevant heraus.

Diese Erfahrung veränderte meine Sicht auf digitale Medien grundlegend. Ich erkannte, wie viel unbewusste Zeit ich online verbrachte und wie sehr mich die ständige Verfügbarkeit stresste. Der Digital Detox wurde zu einem Wendepunkt.

Seither plane ich regelmäßige digitale Auszeiten ein. Manchmal sind es nur einzelne Tage, manchmal ganze Wochenenden. Ich buchte sogar mal einen Urlaub mit Zimmer ohne TV und Internet-Zugang. Diese bewussten Offline-Phasen helfen mir, Balance zu finden und neue Energie zu tanken.

Ich entwickelte verschiedene Strategien für unterschiedlich lange Digital-Detox-Phasen. Ein Mini-Detox am Abend mit Smartphone-freier Zeit vor dem Schlafengehen. Ein Midi-Detox am Wochenende mit Social-Media-Pause von Freitag bis Sonntag. Und gelegentlich ein Maxi-Detox: eine komplette Woche offline.

Die positiven Auswirkungen spüre ich auf verschiedenen Ebenen. Meine Konzentrationsfähigkeit hat sich verbessert. Meine Beziehungen wurden tiefgründiger. Mein Stresslevel ist deutlich gesunken. Die digitalen Auszeiten sind zu einer wichtigen Selbstfürsorge-Strategie geworden.

Ohne ständige digitale Ablenkung nehme ich das Hier und Jetzt intensiver wahr. Gespräche werden bedeutungsvoller, Erlebnisse bleiben stärker in Erinnerung.

Auch meine Kreativität profitiert von den Offline-Zeiten. Ohne ständigen Input von außen entsteht Raum für eigene Gedanken und Ideen. Die digitale Stille fördert meine schöpferische Kraft.

Heute kann ich mit Sicherheit sagen, dass das regelmäßige Abschalten von der digitalen Welt ein wichtiger Schritt für mich war zu mehr Wohlbefinden und Lebensqualität. Es half mir sehr, den Blick für das Wesentliche zu schärfen und echte Verbindungen zu stärken. Digital Detox ist keine Bestrafung, sondern ein Geschenk an sich selbst. Es ist eine Chance, Abstand zu gewinnen und neue Perspektiven zu entwickeln.

Ich möchte Sie ermutigen, Ihre eigenen Erfahrungen mit Digital Detox zu machen. Starten Sie mit kleinen Schritten. Vielleicht zunächst mit einem Smartphone-freien Abend. Beobachten Sie die Veränderungen und erweitern Sie die Auszeiten nach Ihren Bedürfnissen.

Warum regelmäßige Auszeiten wichtig sind

Als ich vor einigen Jahren am Rande eines Burnouts stand, wurde mir klar: Ich hatte verlernt, mir Auszeiten zu gönnen. Ständig war ich im Online-Modus, hetzte von Termin zu Termin, war immer erreichbar und nahm mir keine Zeit zum Durchatmen. Heute weiß ich, dass regelmäßige Auszeiten kein Luxus sind. Sie sind lebensnotwendig für unsere körperliche und mentale Gesundheit.

Meine erste bewusste Auszeit war eine echte Herausforderung. Ich fühlte mich schuldig, unwohl und rastlos. Der Gedanke, einfach nichts zu tun, verursachte mir regelrecht Stress. Mein Kopf war voller „Ich sollte" und „Ich müsste". Doch schon nach wenigen Stunden der Ruhe spürte ich, wie sich etwas in mir zu entspannen begann.

Die positiven Auswirkungen regelmäßiger Pausen zeigten sich schnell. Mein Schlaf verbesserte sich, meine Konzentrationsfähigkeit stieg. Ich fühlte mich emotional ausgeglichener. Kleine Auszeiten im Alltag wurden zu wertvollen Energiequellen.

Ich lernte verschiedene Arten von Auszeiten kennen. Die Mikro-Pause von fünf Minuten zwischen zwei Aufgaben. Die längere Mittagspause ohne Smartphone. Der freie Abend ohne Termine. Das entspannte Wochenende ohne To-do-Liste. Jede dieser Auszeiten hat ihren eigenen Wert.

Besonders wichtig wurde für mich die Morgenpause. Statt mich sofort in den Tag zu stürzen, nehme ich mir jetzt Zeit zum Ankommen. Eine Tasse Tee, ein Moment der Stille, vielleicht eine kurze Meditation. Dieser sanfte Start verändert die Qualität des ganzen Tages.

Die Mittagspause nutze ich heute bewusst als echte Pause. Kein Essen am Schreibtisch, keine Arbeits-Telefonate, keine E-Mails checken. Stattdessen ein kurzer Spaziergang, eine ruhige Mahlzeit, ein entspanntes Gespräch mit Kollegen. Diese Unterbrechung gibt neue Energie für den Nachmittag.

Auch im Arbeitsalltag plane ich regelmäßige Pausen. Nach 90 Minuten konzentrierter Arbeit lege ich eine bewusste Pause ein.

Ich stehe auf, bewege mich, lüfte durch. Diese kurzen Breaks verhindern Erschöpfung und halten meine Produktivität hoch.

Die Wochenenden halte ich nun weitgehend frei von Verpflichtungen. Zeit für Spontanität, für Familie und Freunde, für Hobbys oder einfach zum Ausruhen. Diese längeren Auszeiten helfen mir, die Balance zu wahren und neue Kraft zu tanken.

Besonders regelmäßige Auszeiten in der Natur wurden zu einem wichtigen Teil meiner Selbstfürsorge. Ein Spaziergang im Park, eine Wanderung im Wald, eine Stunde im Garten – die Verbindung zur Natur erdet mich und reduziert Stress.

Ich lernte auch, mir kreative Auszeiten zu gönnen. Zeit zum Malen, Schreiben, Musizieren oder einfach zum Träumen. Diese Phasen ohne Leistungsdruck lassen neue Ideen entstehen.

Soiale Auszeiten mit Menschen, die mir gut tun, wurden ebenfalls wichtig. Ein entspannter Kaffee mit einer Freundin, ein langes Gespräch ohne Zeitdruck, gemeinsames Lachen – diese Begegnungen geben mir Kraft und Freude.

Die größte Herausforderung war für mich das Nichtstun. Einfach dasitzen, ohne Beschäftigung, ohne Ziel. Mit der Zeit entdeckte ich den Wert dieser scheinbar unproduktiven Momente. Sie schaffen Raum für inneres Wachstum und neue Perspektiven.

Als ich anfing, bewusst Auszeiten in meinen Alltag einzubauen, experimentierte ich mit verschiedenen Methoden. Heute weiß ich: Es gibt nicht die eine perfekte Methode. Vielmehr ist es eine Kombination verschiedener Strategien, die zu einem ausgewogenen Leben führt.

Die 5-Minuten-Methode wurde zu meinem wichtigsten Werkzeug für Kurzpausen. Alle 90 Minuten nehme ich mir fünf Minuten Zeit zum Durchatmen, Strecken und Entspannen. Diese Mini-Pausen verhindern Erschöpfung und halten meine Energie den ganzen Tag hoch.

Die Morgenroutine ist mein Anker für einen gelungenen Start. Eine halbe Stunde vor dem üblichen Aufstehen beginne ich den Tag mit Meditation, leichten Dehnübungen oder einer Tasse Tee in Stille. Diese bewusste Zeit hilft mir, zentriert in den Tag zu starten.

Mittagspausen gestalte ich nach der 20-20-20-Regel: 20 Minuten Bewegung, 20 Minuten bewusstes Essen, 20 Minuten Entspannung. Diese Dreiteilung gibt mir neue Energie für den Nachmittag und verhindert das typische Mittagstief.

Die Natur-Auszeit ist ebenfalls fest in meinen Wochenplan integriert. Mindestens zweimal pro Woche verbringe ich eine Stunde im Grünen – ob Spaziergang im Park, Gartenarbeit oder kurze Wanderung. Die Verbindung zur Natur erdet mich und reduziert Stress.

Digital Detox praktiziere ich in verschiedenen Varianten. Jeden Abend ab 21 Uhr schalte ich meine digitalen Geräte aus. An einem Tag am Wochenende verzichte ich komplett auf Smartphone und Internet. Diese digitalen Pausen schaffen Raum für echte Erholung.

Die Kreativ-Pause ist meine Methode für mentale Entspannung. Ob Zeichnen, Schreiben oder Musizieren – eine halbe Stunde kreatives Tun ohne Leistungsdruck hilft mir, den Kopf frei zu bekommen und neue Perspektiven zu gewinnen.

Auch aktive Entspannung durch sanfte Bewegung wurde zu einem wichtigen Element meiner Auszeiten. Yoga, Tai Chi oder einfache Dehnübungen helfen mir, Körper und Geist zu entspannen und neue Energie zu tanken.

Selbst die soziale Auszeit plane ich bewusst ein. Ein Kaffee mit Freunden, ein entspanntes Gespräch oder gemeinsames Lachen – diese Momente der Verbundenheit sind wichtige Energiequellen in meinem Leben.

Stille-Zeiten sind meine intensivste Form der Auszeit. 15 Minuten einfach nur dasitzen, ohne Ablenkung, ohne Ziel. Diese Momente der absoluten Ruhe helfen mir, zu mir selbst zurückzufinden.

Atem-Pausen nutze ich gleich mehrmals täglich für schnelle Entspannung. Drei tiefe, bewusste Atemzüge können in stressigen Situationen Wunder wirken und mich wieder ins Gleichgewicht bringen. Wohingegen mir die Wochenend-Strategie hilft, größere Auszeiten zu gestalten. Ein Tag am Wochenende bleibt terminfrei für spontane Aktivitäten oder bewusstes Nichtstun. Diese Freiheit gibt mir Raum zum Auftanken.

Hobby-Zeit ist auch fest in meinem Kalender verankert. Ob Gärtnern, Lesen oder Basteln - regelmäßige Zeit für Aktivitäten, die mir Freude machen, ist wichtig für mein Wohlbefinden.

Die Badewannen-Meditation wurde zu meinem Ritual für tiefe Entspannung. Ein warmes Bad mit ätherischen Ölen, Kerzen und ruhiger Musik schafft eine Auszeit für alle Sinne. Aber auch bewegte Pausen integriere ich in meinen Arbeitsalltag. Kurze Stretching-Einheiten, eine Runde um den Block oder Treppensteigen statt Aufzug – diese aktiven Mikropausen halten Körper und Geist fit.

Die Möglichkeiten, sich effektiv regelmäßige Auszeiten zu gönnen, sind vielfältig. Regelmäßige Auszeiten sind kein Luxus, sondern notwendig für ein gesundes, ausgeglichenes Leben. Mit den richtigen Methoden kann man Stress reduzieren und mehr Gelassenheit in den Alltag bringen.

Versuchen auch Sie, Ihre eigenen Methoden für regelmäßige Auszeiten zu entwickeln. Finden Sie heraus, was Ihnen am besten hilft, zur Ruhe zu kommen. Dabei gilt, dass die beste Methode die ist, die Sie regelmäßig praktizieren können und die Ihnen gut tut. Am besten, Sie entwickeln Ihre persönliche Kombination aus verschiedenen Auszeit-Strategien. Die Kunst liegt darin, diese Methoden fest in Ihren Tagesablauf zu integrieren. Machen Sie Ihre Auszeiten zu einem selbstverständlichen Teil Ihres Lebens.

Schlaf und Stress

Als ich vor einigen Jahren merkte, dass mein Schlaf immer schlechter wurde, ahnte ich noch nicht, wie eng dies mit meinem Stresslevel zusammenhing. Ich lag nachts wach, grübelte über Probleme nach und fühlte mich morgens wie gerädert. Ein Teufelskreis begann: Je gestresster ich war, desto schlechter schlief ich. Und je schlechter ich schlief, desto weniger belastbar wurde ich.

Meine Geschichte mit schlechtem Schlaf begann schleichend. Erst waren es nur einzelne unruhige Nächte, dann wurden sie zur Regel. Ich wälzte mich im Bett herum, checkte ständig die Uhrzeit und machte mir Sorgen, wie ich den nächsten Tag überstehen sollte. Die Angst vor dem Nicht-Einschlafen wurde selbst zum Stressfaktor.

Der Wendepunkt kam, als ich beschloss, mich intensiv mit dem Thema Schlaf zu beschäftigen. Ich lernte, dass gesunder Schlaf keine Selbstverständlichkeit ist, sondern aktiv gefördert werden muss. Besonders in stressigen Zeiten braucht unser Körper guten Schlaf als Regenerationsphase.

Meine erste wichtige Erkenntnis war die Bedeutung eines regelmäßigen Schlafrhythmus. Ich begann, jeden Tag zur gleichen Zeit ins Bett zu gehen und aufzustehen. Auch am Wochenende. Anfangs fiel mir das schwer. Aber mein Körper dankte es mir mit besserer Schlafqualität.

Die Gestaltung meines Schlafzimmers wurde zum nächsten Projekt. Ich schaffte alle elektronischen Geräte aus dem Raum, verdunkelte die Fenster und sorgte für eine angenehme Temperatur. Mein Schlafzimmer wurde zu einer echten Ruhezone.

Besonders wichtig war die Entwicklung eines Einschlafrituals. Eine Stunde vor dem Schlafengehen dimme ich das Licht, verzichte auf Bildschirme und trinke einen beruhigenden Tee. Diese ruhige Übergangszeit hilft mir, den Tag loszulassen und mich auf den Schlaf einzustimmen.

Auch meine Ernährung spielte eine wichtige Rolle. Ich verlegte schwere Mahlzeiten auf den frühen Abend und verzichtete auf Koffein nach 14 Uhr. Stattdessen entdeckte ich entspannende Kräutertees und leichte Abendsnacks, die den Schlaf fördern.

Bewegung wurde ebenfalls zu einem wichtigen Schlafförderer. Regelmäßige körperliche Aktivität am Tag – aber nicht zu spät am Abend – half mir, abends müde zu werden. Besonders Aktivitäten an der frischen Luft verbesserten meine Schlafqualität spürbar.

Durch verschiedene Entspannungstechniken vor dem Schlafengehen lernte ich, Stress besser zu verarbeiten. Progressive Muskelentspannung, Atemübungen und kurze Meditationen wurden Teil meiner abendlichen Routine. Sie halfen mir, den Tag hinter mir zu lassen. Ein Schlaftagebuch half mir zudem, Muster zu erkennen. Ich notierte Schlafenszeit, Aufwachphasen und morgendliches Befinden. So konnte ich besser verstehen, welche Faktoren meinen Schlaf positiv oder negativ beeinflussen. Da Grübeln lange Zeit mein größter Schlaffeind war, entwickelte ich Strategien dagegen: Ein Sorgenjournal am frühen Abend, in dem ich alle Gedanken aufschreibe. Eine Parkbank für Probleme, die ich erst am nächsten Tag angehen kann. Visualisierungsübungen, die mich von kreisenden Gedanken ablenken.

Die Morgenstunden wurden ebenso wichtig wie der Abend. Ein sanfter Start in den Tag mit ausreichend Zeit zum Wachwerden reduzierte den Morgenstress. Dieser entspannte Tagesbeginn wirkte sich positiv auf meinen nächtlichen Schlaf aus.

Ich lernte auch, flexibel mit schlechten Nächten umzugehen. Statt mich über Schlaflosigkeit zu ärgern, stehe ich auf und mache etwas Entspannendes, bis ich wieder müde werde. Diese entspannte Haltung nahm mir die Angst vor schlaflosen Nächten.

Besonders wertvoll war die Erkenntnis, dass Schlafbedürfnisse individuell sind. Ich hörte auf, mich mit anderen zu vergleichen, und konzentrierte mich ganz darauf, meinen eigenen gesunden Schlafrhythmus zu finden.

69

Darüber hinaus war mir die Verbindung zwischen Tageslicht und Schlafqualität wichtig. Ich achte darauf, tagsüber genügend natürliches Licht zu bekommen und abends die Beleuchtung zu reduzieren. Dieser natürliche Rhythmus unterstützt meinen Schlaf-Wach-Zyklus.

Intensive Bewegung plane ich für den Vormittag oder frühen Nachmittag. Am Abend hingegen praktiziere ich eher sanfte Yoga-Übungen oder entspannende Dehnungen.

Gesunder Schlaf zahlt sich seit diesen Veränderungen für mich mehrfach aus: mehr Energie, bessere Stressresistenz, höhere Leistungsfähigkeit und mehr Lebensfreude. Guter Schlaf ist kein Luxus, sondern eine Notwendigkeit für körperliche und mentale Gesundheit. Mit bewusster Schlafhygiene und stressreduzierenden Ritualen können auch Sie Ihre Nachtruhe deutlich verbessern.

Wie Stress die Schlafqualität beeinflusst

Als ich die Auswirkungen von Stress auf meinen Schlaf zum ersten Mal bewusst wahrnahm, war ich überrascht, wie stark dieser Zusammenhang ist. Stress löste bei mir eine regelrechte Kettenreaktion aus: Anspannung am Tag führte zu Einschlafproblemen, was wiederum den Stress am nächsten Tag verstärkte. Ein Kreislauf, den ich durchbrechen musste.

Ich beobachtete, wie sich Stress körperlich auf meinen Schlaf auswirkte. Mein Herz klopfte schneller, meine Muskeln waren angespannt, und meine Gedanken kreisten unaufhörlich. Der Körper blieb im Alarmmodus, statt in den Entspannungszustand überzugehen. Selbst wenn ich einschlief, war mein Schlaf oft oberflächlich und wenig erholsam.

Die hormonellen Auswirkungen von Stress lernte ich ebenfalls kennen. Erhöhte Cortisol-Werte durch Stress störten den natürlichen Tag-Nacht-Rhythmus. Besonders das abendliche Grübeln über Probleme hielt mein Stresshormon-Level hoch und verhinderte das Einschlafen.

Mein erster Schritt zur Verbesserung war das Einführen einer Stress-Inventur. Jeden Abend notierte ich meine Stressoren und entwickelte Strategien, diese schon tagsüber anzugehen. Das verhinderte, dass sich ungelöste Probleme bis in die Nacht zogen.

Eine wichtige Erkenntnis war die Bedeutung der Übergangszeit. Ich schuf mir ein Zeitfenster von zwei Stunden vor dem Schlafengehen, in dem ich bewusst herunterfuhr. Keine aufregenden Filme mehr, keine schwierigen Gespräche, keine Arbeit. Stattdessen sanfte, entspannende Aktivitäten.

Die Entwicklung von Entspannungsritualen wurde zentral für meinen besseren Schlaf. Ich experimentierte mit verschiedenen Techniken und fand meine persönliche Kombination: Progressive Muskelentspannung, gefolgt von beruhigenden Atemübungen und einer kurzen Meditation.

71

Besonders effektiv war die 4-7-8-Atemtechnik: vier Sekunden einatmen, sieben Sekunden den Atem halten, acht Sekunden ausatmen. Diese Übung beruhigt das Nervensystem und signalisiert dem Körper, dass er in den Ruhemodus wechseln kann.

Auch Yoga wurde zu einem wichtigen Werkzeug. Sanfte Abendübungen halfen mir, körperliche Anspannung zu lösen. Besonders wirksam waren vorwärts beugende Asanas und leichte Dehnungen, die den Parasympathikus aktivieren.

Die Gestaltung meiner Schlafumgebung passte ich an. Ich schuf einen echten Ruheraum: kühl, dunkel, ruhig und aufgeräumt. Lavendel-Duft und beruhigende Farben unterstützten die entspannende Atmosphäre.

Ein Gedanken-Parkplatz half mir beim Umgang mit nächtlichem Grübeln. Neben meinem Bett liegt ein Notizbuch, in dem ich aufkommende Gedanken kurz notiere. Das gibt mir die Sicherheit, sie am nächsten Tag aufgreifen zu können, ohne nachts darüber nachdenken zu müssen.

Auch meine Ernährung passte ich an. Ich entdeckte schlaffördernde Lebensmittel wie Bananen, Mandeln und Haferflocken. Ein leichter Snack vor dem Schlafengehen mit komplexen Kohlenhydraten und etwas Protein half mir, durchzuschlafen.

Bewegung wurde überdies zu einem wichtigen Stresspuffer. Regelmäßige körperliche Aktivität am Tag – aber nicht zu spät am Abend – half mir, Stress abzubauen und abends natürlich müde zu werden. Besonders Ausdaueraktivitäten wie Schwimmen, Wandern oder Radfahren erwiesen sich als effektiv.

Die 5-4-3-2-1-Methode wurde mein Notfallwerkzeug bei nächtlicher Unruhe: Ich benenne fünf Dinge, die ich sehe, vier Dinge, die ich höre, drei Dinge, die ich fühle, zwei Dinge, die ich rieche und eine Sache, die ich schmecke. Diese Achtsamkeitsübung lenkt von Stressgedanken ab.

Auch Aromatherapie unterstützt meinen Entspannungsprozess. Ätherische Öle wie Lavendel, Bergamotte oder Vanille in einem Diffuser oder als Kissenspray schaffen eine beruhigende Atmosphäre und fördern den Schlaf.

Klangmeditation eignet sich ebenfalls als effektive Einschlafhilfe. Sanfte Naturgeräusche, Klangschalen oder speziell komponierte Schlafmusik helfen, vom Stress des Tages abzuschalten und in einen ruhigen Zustand zu kommen.

Ich praktiziere auch gern die Body-Scan-Methode regelmäßig vor dem Einschlafen. Dabei wandert meine Aufmerksamkeit systematisch durch den Körper, spürt Anspannungen auf und löst sie bewusst. Diese Übung verbindet Körperwahrnehmung mit Entspannung.

Ein Durchbruch war allerdings die Erkenntnis, dass ich Schlaflosigkeit nicht bekämpfen muss. Wenn ich nicht schlafen kann, übe ich mich in Akzeptanz. Ich stehe auf, mache etwas Beruhigendes und gehe erst wieder ins Bett, wenn ich wirklich müde bin.

Auch tagsüber integriere ich kleine Entspannungspausen. Kurze Meditation in der Mittagspause, bewusstes Atmen zwischen Terminen, Stretching am Schreibtisch. Diese Mini-Auszeiten reduzieren das Stresslevel über den Tag und verbessern dadurch indirekt meinen Schlaf.

Zudem wurde mir die Bedeutung von Tageslicht für den Schlaf-Wach-Rhythmus bewusst. Ich achte nun darauf, morgens Sonnenlicht zu tanken und abends die Beleuchtung zu dimmen. Diese natürliche Lichtsteuerung unterstützt meinen Körper bei der Produktion von Schlafhormonen.

Mit den richtigen Werkzeugen können auch Sie lernen, besser damit umzugehen. Behalten Sie dabei stets im Hinterkopf, dass Schlafprobleme durch Stress keine Charakterschwäche sind, sondern eine natürliche Reaktion des Körpers.

Starke Gedanken für ein stressfreieres Leben

Als ich erkannte, dass meine Gedanken mein Stressempfinden maßgeblich beeinflussen, war das eine wichtige Entdeckung. Ich verstand, dass nicht nur äußere Umstände Stress verursachen, sondern vor allem meine Bewertungen dieser Situationen. Diese Erkenntnis öffnete mir den Weg zu einem entspannteren Leben.

Früher reagierte ich auf Herausforderungen oft mit negativen Gedankenspiralen: „Das schaffe ich nie", „Alles ist zu viel" oder „Ich bin nicht gut genug" waren meine typischen Denkmuster. Diese Gedanken verstärkten meinen Stress und raubten mir Energie und Zuversicht.

Meine erste wichtige Übung war das Erkennen dieser stressverstärkenden Gedanken. Ich begann, sie aufzuschreiben und zu hinterfragen. Waren sie wirklich wahr? Halfen sie mir weiter? Gab es andere Perspektiven? Diese bewusste Auseinandersetzung war der erste Schritt zur Veränderung.

Ich entwickelte neue, stärkende Gedanken als Alternative. Statt „Das schaffe ich nie" dachte ich „Ich gehe einen Schritt nach dem anderen". Aus „Alles ist zu viel" wurde „Ich konzentriere mich auf das Wichtigste". Diese positiven Umdeutungen veränderten mein Stresserleben grundlegend.

Das Konzept der Gedanken-Hygiene wurde zu einem wichtigen Werkzeug. So wie ich meinen Körper täglich pflege, begann ich auch, meine Gedankenwelt bewusst zu reinigen. Negative, belastende Gedanken erkannte ich und ersetzte sie durch konstruktive Alternativen. Besonders hilfreich war die STAR-Methode: Situation, Trigger, Automatischer Gedanke, Realistische Alternative. Diese systematische Analyse half mir, meine Denkmuster zu durchbrechen und neue Perspektiven zu entwickeln.

Ich lernte auch die Kraft von Affirmationen kennen. Kurze, positive Sätze wie „Ich bleibe gelassen", „Ich vertraue mir" oder „Ich habe alle Ressourcen in mir" wurden zu meinen täglichen Begleitern.

Diese bewussten Gedanken-Anker gaben mir Halt in stressigen Situationen. Mithilfe der Drei-Gute-Dinge-Übung am Abend konnte ich meinen Blick auf den Tag ebenfalls verändern. Ich notierte drei positive Erlebnisse, egal wie klein sie waren. Diese Fokussierung auf das Gute trainierte mein Gehirn, vermehrt Positives wahrzunehmen.

Auch der Umgang mit Perfektionismus veränderte sich durch neue Gedankenmuster. „Gut genug ist perfekt" wurde zu meinem Leitsatz. Ich lernte, dass nicht alles optimal sein muss und dass auch 80 Prozent oft ausreichen.

Die Vorstellung vom inneren Team half mir bei der Selbststeuerung. Verschiedene Anteile in mir – der Antreiber, der Kritiker, der Unterstützer – bekamen eine Stimme. Ich lernte, den unterstützenden Anteil zu stärken und den inneren Kritiker sanfter werden zu lassen.

Ein wichtiger Durchbruch war zudem die Erkenntnis: Gedanken sind wie Wolken am Himmel. Sie kommen und gehen. Ich muss nicht jeden Gedanken glauben oder festhalten. Diese Distanzierung half mir, gelassener mit belastenden Gedanken umzugehen.

Die Perspektivenwechsel-Übung wurde ebenfalls zu einem wertvollen Tool. Ich fragte mich: Wie würde mein bester Freund diese Situation sehen? Was würde ich einem anderen in dieser Lage raten? Diese verschiedenen Blickwinkel öffneten neue Lösungswege.

Auch der Umgang mit Zukunftssorgen veränderte sich. Statt mich in Was-wäre-wenn-Szenarien zu verlieren, konzentrierte ich mich auf das Hier und Jetzt. Die Frage „Was kann ich jetzt tun?" brachte mich ins konstruktive Handeln.

Auch die Gedanken-Pause ist eine effektive Technik. Wenn ich merkte, dass meine Gedanken Stress erzeugten, sagte ich bewusst Stopp. Ein tiefer Atemzug, ein Moment der Stille: Diese kurze Unterbrechung reichte oft schon aus für hilfreichere Gedanken.

In diesem Zusammenhang wurde auch Dankbarkeit zu einem starken Gegenmittel gegen Stressgedanken. Jeden Morgen notierte ich drei Dinge, für die ich dankbar bin.

Diese bewusste Ausrichtung auf das Positive veränderte meine grundsätzliche Haltung zum Leben.

Interessant ist auch die Und-statt-Aber-Technik. Sie half mir, konstruktiver zu denken. Statt „Die Situation ist schwierig, aber ich muss damit klarkommen" dachte ich „Die Situation ist schwierig und ich finde einen Weg damit umzugehen". Diese kleine sprachliche Änderung öffnete mir ganz neue Möglichkeiten.

Ich lernte auch, meine Erfolge bewusster wahrzunehmen. Ein Erfolgs-Tagebuch half mir, meine Fortschritte zu dokumentieren. Diese Sammlung positiver Erfahrungen stärkte mein Selbstvertrauen und reduzierte Versagensängste.

Die Vorstellung vom Inneren Garten unterstützte mich beim Pflegen positiver Gedanken. Wie ein Gärtner jäte ich das Unkraut negativer Gedanken und pflanze stattdessen stärkende, ermutigende Gedanken.

Unsere Gedanken sind mächtige Werkzeuge. Sie können Stress erzeugen oder reduzieren. Unterstützende Gedanken sind wie ein inneres Immunsystem gegen Stress. Mit bewusster Gedankenarbeit können auch Sie Ihr Stresserleben positiv beeinflussen. Je mehr Sie diese pflegen und stärken, desto widerstandsfähiger werden Sie gegen die Herausforderungen des Alltags. Die Entwicklung einer positiven Gedankenwelt ist allerdings ein Prozess, der Zeit und Übung braucht. Seien Sie daher geduldig mit sich und feiern Sie jeden kleinen Fortschritt.

Konkrete Beispiele für positive Affirmationen

Als ich anfing, mit Affirmationen zu arbeiten, war ich zunächst skeptisch. Doch ich lernte schnell, dass regelmäßig wiederholte, positive Aussagen meine Gedankenmuster tatsächlich verändern können. Nachfolgend möchte ich gern einige der wirkungsvollsten Affirmationen aus meiner persönlichen Erfahrung mit Ihnen teilen.

Für mehr Gelassenheit nutze ich diese Sätze:
- Ich bleibe ruhig und gelassen, egal was kommt.
- Ich atme tief durch und lasse los.
- Mit jedem Atemzug werde ich entspannter.
- Ich nehme mir die Zeit, die ich brauche.
- Stress gleitet an mir ab wie Wasser.

Für mehr Selbstvertrauen haben sich diese Affirmationen bewährt:
- Ich vertraue meinen Fähigkeiten.
- Ich bin stark und kompetent.
- Ich wachse an jeder Herausforderung.
- Ich glaube an mich und meine Möglichkeiten.
- Ich bin genau richtig, wie ich bin.

Zur Stärkung der inneren Kraft nutze ich:
- Ich habe alle Ressourcen in mir.
- Meine innere Kraft wächst jeden Tag.
- Ich bin mutig und zuversichtlich.
- Ich kann alle Herausforderungen meistern.
- Ich habe genug Energie.

Für besseren Schlaf wiederhole ich:
- Ich lasse den Tag los und komme zur Ruhe.
- Mein Körper und Geist entspannen sich vollkommen.
- Ich gleite sanft in einen erholsamen Schlaf.
- Mit jedem Atemzug werde ich ruhiger.
- Ich vertraue darauf, dass mein Körper weiß, was er braucht.

Im Umgang mit Zeitdruck helfen mir:
- Ich habe alle Zeit, die ich brauche.
- Ich setze meine Prioritäten klar und weise.
- Ein Schritt nach dem anderen führt mich zum Ziel.
- Ich nutze meine Zeit effektiv und sinnvoll.
- Ich arbeite in meinem eigenen, gesunden Tempo.

Für mehr Achtsamkeit im Alltag:
- Ich bin ganz im Hier und Jetzt.
- Ich nehme jeden Moment bewusst wahr.
- Ich genieße den gegenwärtigen Augenblick.
- Ich bin dankbar für diesen Moment.
- Jeder Augenblick ist ein Geschenk.

Bei Perfektionismus unterstützen mich:
- Ich gebe mein Bestes, das ist genug.
- Ich darf Fehler machen und aus ihnen lernen.
- Ich akzeptiere mich mit all meinen Facetten.
- Gut ist gut genug.
- Ich wachse durch meine Erfahrungen.

Für mehr Optimismus verwende ich:
- Ich sehe das Positive in jeder Situation.
- Jede Herausforderung birgt eine Chance.
- Ich fokussiere mich auf Lösungen.
- Mein Leben entwickelt sich in eine gute Richtung.
- Ich erschaffe mir jeden Tag neue Möglichkeiten.

Bei Entscheidungen helfen mir:
- Ich vertraue meiner inneren Stimme.
- Ich treffe klare und weise Entscheidungen.
- Ich wähle, was gut für mich ist.
- Ich kenne den richtigen Weg für mich.
- Meine Intuition leitet mich sicher.

Für mehr Selbstfürsorge:
- Ich achte gut auf mich und meine Bedürfnisse.
- Ich gönne mir regelmäßige Pausen.
- Mein Wohlbefinden hat Priorität.
- Ich behandle mich selbst mit Liebe und Respekt.
- Ich sorge gut für meinen Körper und Geist.

Einige dieser Affirmationen spreche ich morgens nach dem Aufwachen, während der Meditation oder in stressigen Situationen. Ich passe sie an meine aktuelle Lebenssituation an und formuliere sie immer in der Gegenwart.

Wichtig ist die regelmäßige Wiederholung. Ich spreche die Affirmationen mit Überzeugung. Dabei stelle ich mir das gewünschte Gefühl oder Ergebnis vor. Die Kombination aus Worten, Gefühlen und inneren Bildern macht die Affirmationen besonders wirksam.

Ich habe gelernt, dass Affirmationen Zeit brauchen, um zu wirken. Sie sind wie Samen, die ich in meinen Geist pflanze und die mit regelmäßiger Pflege zu starken Überzeugungen heranwachsen.

Experimentieren Sie mit verschiedenen Affirmationen und finden Sie die Formulierungen, die sich für Sie stimmig und kraftvoll anfühlen. Passen Sie die Worte an Ihre persönliche Situation und Sprache an.

Denken Sie daran: Die wirkungsvollsten Affirmationen sind die, die Sie wirklich fühlen und glauben können. Beginnen Sie mit kleinen, realistischen Schritten und steigern Sie sich langsam zu größeren Zielen.

Nein sagen und die eigene Energie schützen

Lange Zeit war ich ein klassischer Ja-Sager. Ich wollte es allen recht machen, übernahm mehr Aufgaben als ich bewältigen konnte und ignorierte meine eigenen Grenzen. Das Ergebnis waren chronische Erschöpfung und steigender Stress. Heute weiß ich, dass die Fähigkeit, Nein zu sagen, eine der wichtigsten Selbstfürsorge-Strategien ist.

Mein Weg zum bewussten Nein-Sagen begann mit der Erkenntnis, dass meine Energie begrenzt ist. Wie ein Akku, der regelmäßig aufgeladen werden muss, braucht auch meine Lebensenergie Schutz und Pflege. Jedes Ja zu anderen bedeutete oft ein Nein zu mir selbst.

Der erste Schritt war das Erkennen meiner typischen Ja-Fallen. Ich sagte Ja aus Pflichtgefühl, aus Angst vor Ablehnung oder weil ich dachte, ich müsste immer hilfsbereit sein. Diese Muster zu durchschauen war wichtig für die Veränderung.

Ich lernte, meine Prioritäten klar zu definieren. Was ist mir wirklich wichtig? Wofür möchte ich meine Energie einsetzen? Diese Klarheit half mir, bessere Entscheidungen zu treffen und mein Nein zu begründen.

Eine wichtige Erkenntnis war, dass ein Nein zu einer Anfrage ein Ja zu mir selbst ist und umgekehrt. Wenn ich Nein zu übermäßigen Anforderungen sage, sage ich Ja zu meiner Gesundheit, meiner Zeit und meinen Bedürfnissen.

Ich entwickelte verschiedene Formulierungen für mein Nein: „Danke für die Anfrage, aber das passt gerade nicht in meine Planung" oder „Das ist ein interessantes Projekt, aber ich muss mich aktuell auf andere Aufgaben konzentrieren". Höflich, aber klar und ohne lange Rechtfertigungen.

Die Bedenkzeit-Strategie wurde dabei zu einem wichtigen Werkzeug. Statt sofort Ja zu sagen, antwortete ich: „Lass mich darüber nachdenken und morgen Bescheid geben." Diese Pause gab mir Zeit für eine überlegte Entscheidung.

Auch das Setzen von Grenzen im Alltag übte ich. Ich lernte, Anrufe nicht immer sofort anzunehmen, E-Mails nicht rund um die Uhr zu beantworten und auch mal eine Einladung abzulehnen, wenn ich Zeit für mich brauchte.

Besonders am Arbeitsplatz war das Nein-Sagen eine Herausforderung. Ich lernte, professionell zu kommunizieren: „Ich kann dieses Projekt übernehmen, müsste dafür aber Projekt X zurückstellen. Welche Priorität sehen Sie?"

Das Gefühl von Schuld beim Nein-Sagen wurde schon bald schwächer. Ich verstand, dass andere Menschen für ihre Gefühle selbst verantwortlich sind. Ich kann hilfsbereit sein und trotzdem meine Grenzen wahren.

Bei Entscheidungen half mir auch die Energiebilanz-Methode. Vor jedem Ja fragte ich mich: Wie viel Energie kostet mich das? Wie viel gibt es mir zurück? Diese bewusste Abwägung schützte mich vor Überengagement.

Ich lernte auch, toxische Beziehungen zu erkennen und mich abzugrenzen. Menschen, die meine Energie konstant abzogen oder meine Grenzen nicht respektierten, bekamen weniger Raum in meinem Leben.

Die Kunst des weichen Neins wurde zu einer wichtigen Fähigkeit. Statt eines harten Neins bot ich Alternativen an: „Ich kann dir heute nicht helfen, aber ich kenne jemanden, der das vielleicht kann."

Meine Freizeit schütze ich heute bewusster. Ich plane regelmäßige Auszeiten ein und verteidige diese Zeit. Diese Selbstfürsorge gibt mir die Energie, die ich für wichtige Aufgaben und Beziehungen brauche.

Das Energie-Tagebuch half mir, meine Grenzen besser kennenzulernen. Ich notierte, welche Aktivitäten und Kontakte mir Energie gaben und welche sie raubten. Diese Erkenntnisse erleichterten meine Entscheidungen.

Ich entwickelte auch Strategien für spontane Anfragen. Ein freundliches „Tut mir leid, das geht heute nicht" wurde zu einer akzeptablen Antwort, ohne dass ich mich zu Erklärungen verpflichtet fühlte.

Die Drei-Sekunden-Regel wurde ebenfalls zu einem hilfreichen Tool. Wenn ich eine Anfrage erhielt, gab ich mir mindestens drei Sekunden Zeit zum Nachdenken, bevor ich antwortete. Diese kurze Pause verhinderte vorschnelle Zusagen.

Ich lernte auch, mein Nein als Geschenk zu sehen. Wenn ich ehrlich Nein sage, ermögliche ich authentische Beziehungen und respektvollen Umgang. Ein klares Nein ist oft besser als ein halbherziges Ja.

Besonders wichtig wurde die Unterscheidung zwischen Dringlichkeit und Wichtigkeit. Nicht alles, was dringend erscheint, ist auch wichtig. Diese Erkenntnis half mir, Prioritäten zu setzen und meine Energie gezielt einzusetzen.

Ich möchte auch Sie ermutigen, Ihr eigenes Nein zu entwickeln und Ihre Energie bewusst zu schützen. Beginnen Sie mit kleinen Schritten und üben Sie das Nein-Sagen in sicheren Situationen. Ihre Energie ist wertvoll und begrenzt. Sie haben das Recht und die Verantwortung, gut damit umzugehen. Ein gut gesetztes Nein ist ein Akt der Selbstfürsorge. Die Fähigkeit, Nein zu sagen, stärkt nicht nur Sie selbst, sondern auch Ihre Beziehungen. Klare Grenzen schaffen Respekt und ermöglichen authentische Verbindungen. Ihr Nein ist ein wichtiges Instrument der Selbstbestimmung. Nutzen Sie es bewusst und verantwortungsvoll, um Ihr Leben nach Ihren eigenen Werten und Bedürfnissen zu gestalten.

Selbstverständlich erwies sich, Nein zu sagen in der Praxis manchmal als durchaus herausfordernd. Der Umgang mit enttäuschten Reaktionen gehört leider auch mit dazu. Als ich aber anfing, öfter Nein zu sagen, war die Enttäuschung anderer zunächst meine größte Herausforderung. Ich fühlte mich schuldig, wenn Menschen traurig oder verärgert reagierten. Doch mit der Zeit lernte ich wichtige Strategien, damit umzugehen.

82

Die erste wichtige Erkenntnis war: Die Gefühle anderer Menschen sind nicht meine Verantwortung. Natürlich darf jemand enttäuscht sein, wenn ich absage. Aber ich bin nicht verpflichtet, meine Grenzen aufzugeben, nur um andere glücklich zu machen.

Ich entwickelte klare, aber freundliche Antworten auf enttäuschte Reaktionen. „Ich verstehe, dass du dir das anders gewünscht hättest. Trotzdem muss ich bei meiner Entscheidung bleiben." Diese Formulierung zeigt Verständnis, bleibt aber fest.

Als besonders hilfreich erwies sich dabei die Sandwich-Methode: Eine absagende Antwort zwischen zwei positiven Aussagen. „Ich freue mich über deine Einladung. Leider kann ich nicht kommen. Lass uns bald einen anderen Termin finden." Das macht die Absage leichter verdaulich.

Bei emotionalen Reaktionen half mir zudem die PAUSE-Technik:
- P - Pause machen und durchatmen
- A - Anerkennen der Gefühle des anderen
- U - Unaufgeregt bleiben
- S - Standhaft bleiben
- E - Eigene Position erklären

Manipulation erkannte ich immer besser. Sätze wie „Das hätte ich nie von dir gedacht" oder „Alle anderen machen mit" waren früher meine Schwachstellen. Heute sehe ich sie als das, was sie sind: Versuche, mich emotional unter Druck zu setzen.

Ich lernte, zwischen echter Enttäuschung und manipulativem Verhalten zu unterscheiden. Echte Enttäuschung verdient Mitgefühl, auch wenn ich bei meiner Entscheidung bleibe. Manipulation begegne ich mit freundlicher Bestimmtheit.

Meine inneren Dialoge veränderten sich. Statt „Ich bin ein schlechter Mensch, weil ich absage" sage ich mir „Ich treffe eine gesunde Entscheidung für mich". Diese positiven Selbstgespräche stärken mein Rückgrat bei Absagen.

Bei wiederholten negativen Reaktionen führe ich ein klärendes Gespräch. „Mir fällt auf, dass meine Absagen dich oft verärgern. Lass uns darüber sprechen, wie wir damit besser umgehen können." Diese offene Kommunikation verhindert oft weitere Konflikte.

Die Perspektivenwechsel-Übung half mir sehr. Ich fragte mich: Wie würde ich reagieren, wenn jemand mir absagt? Meist wurde mir klar: Ich hätte Verständnis. Diese Erkenntnis machte mich gelassener bei eigenen Absagen.

Bei beruflichen Absagen nutze ich die lösungsorientierte Kommunikation. Statt nur abzusagen, biete ich Alternativen an: „Ich kann das Projekt nicht übernehmen, aber ich könnte Sie bei der Suche nach einer anderen Lösung unterstützen."

Für wiederkehrende Situationen entwickelte ich Standard-Antworten. „Danke für die Anfrage. Aktuell nehme ich keine weiteren Verpflichtungen an." Diese vorbereiteten Formulierungen geben mir Sicherheit in der Situation.

Auch das Nachsorge-Prinzip wurde mir wichtig. Nach einer Absage melde ich mich später noch einmal positiv. Ein kurzer Anruf oder eine nette Nachricht zeigt: Die Beziehung ist mir wichtig, auch wenn ich diesmal absagen musste.

Ich lernte auch, vorausschauend zu kommunizieren. „In den nächsten Monaten habe ich weniger Zeit" oder „Ich reduziere aktuell meine Verpflichtungen". Diese frühzeitige Information bereitet andere auf mögliche Absagen vor.

Bei aggressiven Reaktionen hilft mir die Stopp-Strategie. Ich beende das Gespräch höflich aber bestimmt: „Ich merke, dass du sehr aufgebracht bist. Lass uns später darüber sprechen, wenn wir beide ruhiger sind."

Wichtig wurde auch die Unterscheidung zwischen einmaligen und dauerhaften Absagen. Bei einmaligen Absagen reicht oft eine kurze Erklärung. Bei grundsätzlichen Veränderungen nehme ich mir Zeit für ein ausführlicheres Gespräch.

Ich erinnere mich regelmäßig, dass ein ehrliches Nein besser ist als ein unehrliches Ja. Authentizität in Beziehungen bedeutet auch, manchmal Enttäuschungen auszuhalten – auf beiden Seiten.

Die Kunst liegt darin, mitfühlend und gleichzeitig klar zu bleiben. Ich kann das Gefühl des anderen anerkennen und trotzdem zu meiner Entscheidung stehen. Diese Balance macht starke Beziehungen aus.

Letztlich führt konsequentes aber freundliches Nein-Sagen zu mehr Respekt. Menschen lernen meine Grenzen kennen und akzeptieren sie meist mit der Zeit. Die anfängliche Enttäuschung weicht einem besseren gegenseitigen Verständnis.

Ich möchte Sie ermutigen, auch mit enttäuschten Reaktionen gelassen umzugehen. Bleiben Sie freundlich aber fest. Ihre Grenzen sind wichtig und verdienen Respekt. Die Fähigkeit, Enttäuschungen anderer auszuhalten, ist dabei ein wichtiger Teil persönlicher Reife. Sie stärkt Ihr Selbstvertrauen und führt zu authentischeren Beziehungen.

Selbstfürsorge im Alltag

Als ich das erste Mal von Selbstfürsorge hörte, dachte ich an Wellness-Wochenenden und teure Spa-Behandlungen. Heute weiß ich, dass echte Selbstfürsorge im Alltag mit kleinen, aber wirksamen Gewohnheiten beginnt. Sie ist kein Luxus, sondern eine Notwendigkeit für ein gesundes Leben.

Mein Tag beginnt jetzt anders als früher. Statt sofort zum Smartphone zu greifen, gönne ich mir zehn Minuten Ruhe. Ich atme bewusst, dehne mich und komme langsam im Tag an. Diese kurze Morgenzeit gehört nur mir und gibt mir Kraft für den Tag.

Auch Mini-Pausen habe ich für mich entdeckt. Zwischen Terminen halte ich kurz inne, atme durch und spüre in mich hinein. Diese kleinen Auszeiten helfen mir, nicht in den Autopilot-Modus zu verfallen sondern achtsam zu bleiben.

Darüber hinaus wurde Bewegung zu einem wichtigen Teil meiner Selbstfürsorge. Ich nehme die Treppe statt des Aufzugs, gehe in der Mittagspause eine Runde um den Block oder mache zwischendurch kleine Dehnübungen. Diese Bewegungsmomente tun Körper und Geist gut. Gesteigert werden diese noch abseits von Hektik und Lärm. So pflege ich auch bewusst die Verbindung zur Natur. Das Beobachten von Vögeln oder das Berühren eines Baumblattes – diese kleinen Naturmomente erden mich im hektischen Alltag.

Auch meine Ernährung sehe ich jetzt als eine Form der Selbstfürsorge. Ich achte darauf, regelmäßig zu essen und nehme mir Zeit dafür. Ein entspanntes Mittagessen weg vom Schreibtisch ist mir wichtiger als schnelles Essen zwischendurch.

Ich checke nicht mehr ständig E-Mails, stelle das Telefon auf lautlos und schaffe mir Zeitfenster ohne ständige Erreichbarkeit. Diese digitalen Pausen geben mir Raum zum Durchatmen.

Kleine Freuden plane ich zudem bewusst in meinen Tag ein. Ein liebevoll zubereiteter Kaffee am Morgen, frische Blumen auf dem

Schreibtisch oder ein kurzer Spaziergang in der Sonne – diese Momente machen den Alltag reicher.

Die Drei-Minuten-Regel hilft mir bei Stress: Drei Minuten bewusstes Atmen, drei Minuten Schultern kreisen, drei Minuten aus dem Fenster schauen. Diese kurzen Auszeiten kann ich überall einbauen und sie wirken sofort.

Abends nehme ich mir Zeit zum Runterkommen. Ein entspannendes Ritual – sei es eine Tasse Tee, leichte Yoga-Übungen oder das Lesen eines guten Buchs – hilft mir, den Tag loszulassen und zur Ruhe zu kommen.

Zu meiner täglichen Selbstfürsorge gehört heute auch Nein-Sagen. Ich überlege mir gut, wofür ich meine Energie einsetze und lehne Anfragen ab, die mich überfordern würden. Diese Klarheit gibt mir mehr Raum für das Wesentliche.

Ordnung in meiner Umgebung wurde zudem immer wichtiger für mich. Ein aufgeräumter Arbeitsplatz, ein gemachtes Bett, eine organisierte Tasche. Diese äußere Ordnung schafft innere Ruhe und reduziert unnötigen Stress.

Selbstfürsorge bedeutet für mich aber auch, regelmäßig innezuhalten und mich zu fragen: Was brauche ich jetzt? Manchmal ist es Ruhe, manchmal Bewegung, manchmal ein Gespräch. Ich lerne immer besser, auf diese inneren Signale zu hören.

Als ich begann, Selbstfürsorge ernst zu nehmen, bemerkte ich schnell die positiven Auswirkungen auf meine mentale Gesundheit. Meine Ängste nahmen ab, depressive Verstimmungen wurden seltener, und ich fühlte mich insgesamt ausgeglichener. Heute weiß ich, dass Selbstfürsorge wie ein Schutzschild für die Psyche ist.

Der erste große Unterschied zeigte sich in meinem Stressempfinden. Durch regelmäßige Selbstfürsorge-Routinen reagierte ich gelassener auf Herausforderungen. Kleine Rückschläge warfen mich nicht mehr so leicht aus der Bahn. Mein emotionaler Puffer wurde stärker.

Mein Selbstwertgefühl verbesserte sich deutlich. Die Botschaft „Ich bin es wert, gut für mich zu sorgen" verankerte sich tief in meinem Bewusstsein. Ich behandelte mich selbst mit mehr Respekt und Mitgefühl, was sich positiv auf mein gesamtes Lebensgefühl auswirkte.

Regelmäßige Auszeiten halfen mir, meine Gedanken zu ordnen. Statt im Hamsterrad gefangen zu sein, schuf ich mir Momente der Reflexion. Diese mentalen Pausen ermöglichten mir, Probleme klarer zu sehen und bessere Entscheidungen zu treffen.

Darüber hinaus verbesserte sich mein früheres Gefühlschaos drastisch. Ich lernte, negative Emotionen früher wahrzunehmen und gesünder damit umzugehen. Statt sie zu unterdrücken oder in ihnen zu versinken, konnte ich sie besser akzeptieren und verarbeiten. Das Grübeln nahm ab. Durch achtsame Selbstfürsorge-Praktiken wie Meditation oder Schreiben fand ich Wege, aus Gedankenspiralen auszusteigen. Ich entwickelte mehr Distanz zu belastenden Gedanken.

Meine Resilienz wuchs dadurch deutlich. Die täglichen kleinen Selbstfürsorge-Rituale wirkten wie ein Kraftspeicher, aus dem ich in schwierigen Zeiten schöpfen konnte. Ich fühlte mich besser gewappnet für Krisen und Herausforderungen.

Auch die Qualität meiner Beziehungen verbesserte sich. Weil ich besser für mich sorgte, war ich auch präsenter und ausgeglichener im Kontakt mit anderen.

Zudem wurde mein Schlaf besser. Die bewusste Selbstfürsorge am Abend half mir, zur Ruhe zu kommen und besser einzuschlafen. Erholsamer Schlaf wiederum stärkte meine mentale Widerstandskraft für den nächsten Tag.

Ängste und Sorgen verloren an Macht. Durch regelmäßige Selbstfürsorge entwickelte ich mehr Vertrauen in meine Fähigkeit, mit Herausforderungen umzugehen. Das Gefühl der Überforderung trat viel seltener auf.

Dabei entdeckte ich auch neue Kraftquellen. Ob Naturerlebnisse, kreative Tätigkeiten oder Bewegung – die verschiedenen Aspekte eröffneten mir vielfältige Wege, meine Psyche zu stärken. Die positiven Effekte verstärkten sich zudem gegenseitig. Besserer Schlaf führte zu mehr Energie, mehr Energie zu besserer Selbstfürsorge und diese wiederum zu mehr emotionaler Stabilität – eine Aufwärtsspirale entstand.

Selbstfürsorge ist keine Selbstsucht, sondern die Basis für ein gesundes, ausgeglichenes Leben. Nur wer gut für sich selbst sorgt, kann auch für andere da sein.

Heute kann ich mit Bestimmtheit sagen, dass mehr Achtsamkeit im Alltag wie ein Schutzschild gegen Stress und Überforderung ist. Sie hilft uns, gelassener und zufriedener durch den Tag zu gehen.

Ich möchte Sie daher ebenfalls ermutigen, Ihre eigene Form der Selbstfürsorge zu entwickeln. Beginnen Sie mit kleinen Schritten und machen Sie diese zu einem natürlichen Teil Ihres Alltags.

Stressbewältigung liegt in Ihren Händen

Als ich vor einigen Jahren kurz vor einem Burnout stand, wurde mir klar, dass ich viele meiner Herangehensweisen grundlegend ändern musste. Der ständige Termindruck, die endlose Email-Flut und die hohen Erwartungen hatten mich an meine Grenzen gebracht. Heute kann ich sagen, dass sich mit den richtigen Strategien beruflicher Stress erfolgreich bewältigen lässt.

Meine erste wichtige Veränderung betraf den Arbeitsbeginn. Statt mich gleich in E-Mails und Aufgaben zu stürzen, plane ich jetzt jeden Morgen bewusst meine wichtigsten Aufgaben. Diese 15 Minuten Überblick geben mir Struktur und reduzieren das Gefühl der Überforderung.

Die Zwei-Minuten-Regel wurde zu einem meiner wichtigsten Werkzeuge. Aufgaben, die ich in weniger als zwei Minuten erledigen kann, packe ich sofort an. Das verhindert das Ansammeln vieler Kleinstaufgaben, die in ihrer Summe Stress erzeugen können.

Ich lernte auch, meine Energie gezielter einzusetzen. Meine produktivsten Stunden am Vormittag reserviere ich für anspruchsvolle Aufgaben. Routinearbeiten verschiebe ich auf den Nachmittag. Diese Energieplanung macht mich effektiver und reduziert Stress.

Pausen bekamen einen ganz neuen Stellenwert. Ich mache jetzt regelmäßig kurze Bewegungspausen, verlasse bewusst meinen Arbeitsplatz und gehe wenn möglich an die frische Luft. Diese Mini-Auszeiten helfen mir, konzentriert und ausgeglichen zu bleiben.

Auch das Thema E-Mails brauchte eine klare Strategie. Ich checke sie nur noch zu festgelegten Zeiten und nicht mehr ständig zwischendurch. Wichtige Mails bearbeite ich sofort, andere plane ich. Diese Struktur gibt mir mehr Kontrolle über meinen Arbeitstag.

Grenzen setzen wurde essentiell. Ich kommuniziere jetzt klar, wenn ich eine zusätzliche Aufgabe nicht übernehmen kann.

Ein freundliches aber bestimmtes Nein mit konstruktiven Alternativvorschlägen hilft, Überlastung zu vermeiden.

Mehr Aufmerksamkeit bekam auch die Gestaltung meines Arbeitsplatzes. Ein aufgeräumter Schreibtisch, gute Beleuchtung, ein ergonomischer Stuhl und regelmäßiges Lüften schaffen eine Atmosphäre, in der ich entspannter arbeiten kann.

Ich entwickelte zudem effektive Strategien für Meetings. Eine klare Agenda, zeitliche Begrenzung und die Frage „Ist meine Anwesenheit wirklich nötig?" helfen mir, meine Arbeitszeit zu optimieren und unnötigen Stress zu vermeiden. Konflikte am Arbeitsplatz gehe ich heute auch konstruktiver an. Statt Spannungen zu ignorieren, suche ich frühzeitig das Gespräch. Eine klare, respektvolle Kommunikation hilft, Stress durch schwelende Konflikte zu vermeiden.

Das Thema Multitasking habe ich komplett überdacht. Statt mehrere Aufgaben gleichzeitig anzugehen, konzentriere ich mich jetzt bewusst auf eine Sache. Diese Fokussierung verbessert meine Arbeitsqualität und reduziert mentalen Stress.

Meine Work-Life-Balance bekam einen neuen Stellenwert. Ich achte konsequent auf meine Arbeitszeiten, nehme keine Arbeit mit nach Hause und schalte nach Feierabend bewusst ab. Diese Grenzen zwischen Beruf und Privatleben sind wichtig für meine Erholung.

Ich lernte auch, perfektionistische Ansprüche loszulassen. Nicht jede Aufgabe muss zu 100 Prozent perfekt sein. Die 80/20-Regel hilft mir, meine Energie sinnvoll einzuteilen und unnötigen Stress zu vermeiden.

Darüber hinaus nutze ich heute Networking gezielter. Der Austausch mit Kollegen und der Aufbau eines unterstützenden beruflichen Netzwerks helfen mir, Herausforderungen besser zu bewältigen und neue Perspektiven zu gewinnen.

Auch Weiterbildung wurde zu einem wichtigen Stresspuffer. Neue Fähigkeiten und Kenntnisse geben mir mehr Sicherheit und reduzieren Stress durch Überforderung. Ich plane regelmäßig Zeit für Lernen und Entwicklung ein.

Die Mittagspause gestalte ich jetzt bewusster. Ein Ortswechsel, eine vollwertige Mahlzeit und wenn möglich ein kurzer Spaziergang helfen mir, neue Energie zu tanken und den Nachmittag produktiv anzugehen. Für stressige Phasen entwickelte ich ebenfalls Strategien, die mir helfen, auch in hektischen Situationen gelassen zu bleiben. Dazu gehören beispielsweise Atemübungen am Schreibtisch, kurze Stretching-Einheiten oder drei Minuten Meditation.

Beim Umgang mit schwierigen Kollegen nehme ich Kritik nicht mehr persönlich, sondern gehe damit souveräner, professioneller und gelassener um.

Mein Projektmanagement bekam mehr Struktur. Ich plane jetzt realistischer, kalkuliere Puffer ein und kommuniziere frühzeitig, wenn sich Verzögerungen abzeichnen. Diese vorausschauende Arbeitsweise reduziert unnötigen Termindruck. Ein Beitrag hierzu war auch, meine digitale Organisation zu optimieren. Klare Ablagestrukturen, effektive Kalendernutzung und sinnvolle Automatisierungen sparen mir jede Menge Zeit und Energie. Weniger digitales Chaos bedeutet weniger Stress.

Ich lernte auch, Erfolge bewusster wahrzunehmen. Ein Erfolgs-Logbuch hilft mir, meine Leistungen zu würdigen und nicht nur auf das zu schauen, was noch nicht erledigt ist. Diese positive Perspektive stärkt meine Motivation zusätzlich. Ich überprüfe zudem regelmäßig meine Arbeitsstrategien und passe sie an. Was funktioniert gut? Was erzeugt unnötigen Stress? Diese bewusste Evaluation hilft mir, effektiver zu arbeiten.

Auch meine Kommunikation mit Vorgesetzten verbesserte ich. Ich spreche frühzeitig an, wenn ich Unterstützung brauche oder die Arbeitsbelastung zu hoch wird. Diese Offenheit verhindert oft größere Stresssituationen.

Ich entwickelte zudem ein besseres Gespür für meine Stresssignale. Ein verspannter Nacken, Konzentrationsschwierigkeiten oder Gereiztheit sind für mich heute Warnsignale, rechtzeitig gegenzusteuern. Ich gebe zwar immer noch mein Bestes im Job, ohne mich jedoch dabei zu verausgaben. Diese gesunde Distanz hilft mir, auch in fordernden Zeiten leistungsfähig zu bleiben.

Beruflicher Stress ist keine unvermeidliche Belastung. Mit den richtigen Strategien und einem bewussten Umgang mit den eigenen Ressourcen lässt er sich gut bewältigen.

Ich möchte auch Sie motivieren, Ihre eigenen Strategien zur beruflichen Stressbewältigung zu entwickeln. Experimentieren Sie mit verschiedenen Methoden und finden Sie heraus, was für Sie am besten funktioniert.

Abschließend kann ich aus tiefer Überzeugung sagen: Der Weg zu einem entspannteren Leben beginnt mit kleinen Schritten. Jede Veränderung, die Sie auf Basis der vorgestellten Strategien umsetzen, bringt Sie Ihrem Ziel näher. Vielleicht erscheinen Ihnen manche Herausforderungen jetzt noch groß. Doch ich versichere Ihnen: Mit den richtigen Werkzeugen und etwas Übung werden Sie ihnen immer gelassener begegnen.

Denken Sie daran: Die Kraft zur Veränderung liegt in Ihren Händen. Nutzen Sie die vorgestellten Methoden, experimentieren Sie damit und entwickeln Sie Ihren persönlichen Weg zu mehr Gelassenheit.

Ich wünsche Ihnen von Herzen, dass Sie Ihr Leben künftig entspannter und erfüllter gestalten. Bleiben Sie achtsam, gehen Sie gut mit sich um und vertrauen Sie darauf: Ein stressfreieres Leben ist möglich – jeden Tag ein bisschen mehr.

Disclaimer